建设项目经济信息化管理研究

刘彦君 ◎ 著

吉林出版集团股份有限公司
全国百佳图书出版单位

图书在版编目（CIP）数据

建设项目经济信息化管理研究 / 刘彦君著. -- 长春：
吉林出版集团股份有限公司，2024.6. -- ISBN 978-7
-5731-5331-9

Ⅰ. F284

中国国家版本馆CIP数据核字第20240SP138号

JIANSHE XIANGMU JINGJI XINXIHUA GUANLI YANJIU

建设项目经济信息化管理研究

著　　者	刘彦君
责任编辑	田　璐
装帧设计	朱秋丽
出　　版	吉林出版集团股份有限公司
发　　行	吉林出版集团青少年书刊发行有限公司
地　　址	吉林省长春市福祉大路 5788 号（130118）
电　　话	0431-81629808
印　　刷	北京昌联印刷有限公司
版　　次	2024 年 6 月第 1 版
印　　次	2024 年 6 月第 1 次印刷
开　　本	787 mm×1092 mm　　1/16
印　　张	11.25
字　　数	233千字
书　　号	ISBN 978-7-5731-5331-9
定　　价	76.00元

前　言

　　在当今科技飞速发展、信息化普及的时代，建设项目经济信息化管理已经成为提高项目管理效率、降低成本、提升竞争力不可或缺的手段。随着全球经济一体化的加深和建设项目规模的不断扩大，项目经济信息化管理的重要性越发显著。本书将深入探讨建设项目经济信息化管理的理论与实践，致力于为推动建设行业的现代化发展提供有益的理论指导和实际经验。

　　首先，建设项目的复杂性和多样性对其经济信息化管理提出了更高的要求。传统项目管理往往依赖纸质文件、人工报表等手段，信息传递存在时滞和误差，而经济信息化管理的引入，可以通过先进的软件工具、信息系统以及数据分析技术，实现项目各个环节的及时、准确的信息传递，从而提高项目决策的科学性和精确性。这种管理方式的创新将有助于降低项目风险，提高项目整体运作的效率。

　　其次，建设项目经济信息化管理的实施对于优化资源配置、提高生产力至关重要。信息化手段可以实现对人、财、物等资源的全面监控和有效调度，使得项目的各项工作在最佳状态下运行。例如，通过建设项目管理软件，项目经理可以实时了解项目的进度、成本、质量等关键指标，及时做出调整和决策。这种全面、实时的资源管理有助于降低资源浪费，提高资源利用效率，从而推动建设项目的可持续发展。

　　与此同时，建设项目的经济信息化管理也有助于加强项目与相关方的沟通协作。在传统的项目管理中，由于信息传递的滞后，项目各个部门之间、项目团队与相关方之间的协同工作存在一定的难度。信息化管理可以实现多方数据的实时共享与交流，提高沟通效率，减少信息失真。这种协同机制有助于加强项目参与者之间的信任，推动项目各方更好地共同协作，共同应对项目中的各种挑战。

　　在数字化时代，建设项目经济信息化管理不仅仅是提高效率的手段，更是推动行业创新发展的引擎。大数据分析、人工智能等前沿技术的应用可以为项目管理提供更为深入的洞察和智能决策支持。这样的信息化管理模式将有助于建设行业更好地适应市场需求变化，提高抗风险能力，实现高质量、高效率的发展。

　　本书通过深入剖析信息化管理对项目整体绩效的影响，为相关从业人员提供实用的经验教训，促进建设行业在信息化管理方面的共同进步。本书通过全面的讲解与总结，期望为建设项目经济信息化管理的未来发展方向提供理论支持和实践指导，促使该领域更好地适应数字化时代的发展潮流。

目　录

第一章　建设项目经济信息化

第一节　建设项目经济信息化的定义与范畴

一、建设项目经济信息化的基本概念

建设项目经济信息化是指在建设项目的全生命周期中，通过应用现代信息技术手段，实现项目经济管理的数字化、网络化和智能化，从而提高项目管理效率、优化资源配置、降低项目成本，最终提升项目的经济效益和社会效益。

具体来说，建设项目经济信息化包括以下几个方面：

一是项目管理信息化。建设项目通过构建项目管理信息系统，实现项目计划、进度、成本、质量等方面的信息化管理；系统可以自动收集、整理和分析项目数据，帮助项目经理及时掌握项目情况、做出科学决策。

二是成本控制信息化。建设项目利用信息技术手段对成本进行精细化管理；通过建立成本数据库、成本预测模型等，实现对项目成本的实时监控和预警，从而有效控制项目成本超支风险。

三是资源分配信息化。建设项目通过信息化手段对所需的人力、物力、财力等资源进行科学配置；系统可以根据项目需求和资源状况，自动调整资源分配方案，确保项目顺利进行。

四是风险管理信息化。建设项目面临着各种风险，如市场风险、技术风险、管理风险等。建设项目通过信息化手段，可以对这些风险进行量化评估、预警监控和应对处理，从而降低项目风险损失。

建设项目经济信息化是一种全新的项目管理理念和方法，它将现代信息技术与传统项目管理相结合，为项目管理提供了更加高效、便捷、精准的手段和工具。通过经济信息化，我们可以更好地掌握项目情况、优化资源配置、降低项目成本、提高项目效益，为企业的可持续发展提供有力支持。同时，建设项目经济信息化也是一个不断

发展和完善的过程。随着信息技术的不断进步和应用领域的不断拓展，经济信息化的内涵和外延也在不断丰富和扩展。未来，我们可以期待更多创新的信息技术手段被应用于建设项目经济管理中，为项目管理带来更多的便利和价值。因此，对建设项目而言，积极推进经济信息化进程具有重要的现实意义和深远的历史意义。这不仅是提升项目管理水平和竞争力的重要途径，也是推动企业转型升级、实现可持续发展的必然选择。我们应该充分认识到经济信息化的重要性和紧迫性，积极采取措施加以推进和实施。

二、建设项目经济信息化的覆盖范围

建设项目经济信息化的覆盖范围相当广泛，它涉及建设项目从规划、设计、施工到运营维护的全生命周期，以及项目经济管理的各个方面。具体来说，主要包括以下几个阶段：

首先是项目规划与设计阶段。在这一阶段，经济信息化主要体现在项目可行性研究、成本估算、预算制定等方面。建设项目通过应用现代信息技术，可以对项目需求进行精确分析，制订科学的项目计划，预测和控制项目成本，为项目的顺利实施奠定坚实基础。

其次是项目施工阶段。在施工过程中，经济信息化主要涉及进度控制、成本控制、质量管理等方面。通过构建项目管理系统，可以实时跟踪项目进度，监控项目成本，确保项目质量符合标准。此外，还可以通过应用物联网、大数据等技术手段，实现施工现场的智能化管理，提高施工效率，降低施工成本。

再次是项目运营维护阶段。在这一阶段，经济信息化主要用于设备的监控和维护、能源的管理、运营成本的优化等方面。建设项目通过应用信息技术手段，可以实现对设备的远程监控和故障诊断，提高设备的运行效率和使用寿命；同时，还可以对能源使用进行精细化管理，降低运营成本，实现项目的可持续发展。

最后是项目管理决策支持系统的建设阶段。建设项目通过构建决策支持系统，可以利用大数据、人工智能等技术手段，对项目管理数据进行深入挖掘和分析，为项目管理决策提供科学依据和有力支持。这有助于提升项目管理决策的准确性和有效性，推动项目管理水平的不断提升。

建设项目经济信息化的覆盖范围十分广泛，它涉及项目管理的各个方面和环节。经济信息化进程的推进，可以实现对建设项目全生命周期的精准管理和优化控制，提高项目管理效率和效益，推动企业的可持续发展。

三、建设项目经济信息化的核心要素

建设项目经济信息化的核心要素是指在推进建设项目经济信息化过程中起到关键作用、支撑和推动信息化发展的基本组成部分。这些核心要素相互关联、相互依存，共同构成了建设项目经济信息化的基础框架。

首先，技术要素是建设项目经济信息化的核心驱动力。这包括信息通信技术、大数据分析、云计算、物联网等现代信息技术手段。这些技术的应用为建设项目经济信息化提供了强大的技术支撑，使得项目管理的各个环节能够实现数据的快速传递、处理和分析，从而提高决策效率和准确性。例如，通过大数据分析技术，我们可以对项目成本、进度和质量等方面的数据进行深入挖掘和分析，为项目管理提供科学依据；物联网技术则可以实现对施工现场设备的实时监控和远程控制，提高施工效率和管理水平。

其次，数据要素是建设项目经济信息化的基础资源。在建设项目经济信息化过程中，大量的经济数据和信息需要进行收集、整理、存储和应用。这些数据包括项目成本、进度、质量、资源等方面的信息，是项目管理决策的重要依据。因此，建立完善的数据管理体系，确保数据的准确性、完整性和及时性，是建设项目经济信息化的关键。同时，还需要加强对数据的分析和利用，挖掘数据背后的价值，为项目管理提供有力支持。

再次，人才要素也是建设项目经济信息化的重要组成部分。经济信息化涉及信息技术、项目管理、经济学等多个领域的知识，需要具备专业技能和综合素质的人才来支撑。因此，加强人才培养和引进、提高项目管理团队的信息化素养和技能水平，是推进建设项目经济信息化的重要保障。同时，还需要建立完善的人才激励机制，吸引更多优秀人才投身于建设项目经济信息化事业。

最后，制度要素是建设项目经济信息化的重要保障。经济信息化需要一套完善的制度体系来规范和保障其顺利推进。这包括制定信息化发展规划、建立信息化标准体系、完善信息安全保障措施等。制度建设可以明确信息化发展的目标和方向，规范信息化建设的流程和要求，确保信息化建设的质量和效益。同时，制度建设还可以提高项目管理团队的信息化意识和重视程度，推动经济信息化的深入发展。

技术、数据、人才和制度共同构成了建设项目经济信息化的核心要素。这些要素相互关联、相互依存，共同推动着建设项目经济信息化的发展。在推进经济信息化过程中，需要注重这些要素的协调发展，充分发挥它们的作用和优势，为项目管理提供有力支持，推动企业的可持续发展；同时，还需要不断创新和完善这些要素的内容和形式，以适应信息化发展的新形势和新要求，推动建设项目经济信息化不断迈上新的台阶。

四、建设项目经济信息化的意义与价值

建设项目经济信息化的意义与价值深远而广泛，它不仅有助于提升项目管理效率和质量，还能推动企业乃至整个行业的转型升级。以下是对其意义与价值的深入剖析：

第一，建设项目经济信息化能够显著提升项目管理效率。传统的项目管理方式往往依赖于手工操作和纸质文档，信息传递缓慢、数据处理烦琐，难以适应现代项目管理的高效需求；而经济信息化通过应用现代信息技术手段实现了项目信息的快速传递和共享，简化了数据处理流程，提高了项目管理效率。例如，通过项目管理信息系统，项目经理可以实时了解项目进度、成本和质量情况，及时做出调整，确保项目按计划顺利进行。

第二，建设项目经济信息化有助于优化资源配置。在项目管理中，资源的合理配置是确保项目顺利进行的关键。经济信息化通过数据分析和预测，能够帮助项目管理者更加精准地掌握资源需求和使用情况，避免资源浪费和短缺。同时，信息化手段还可以实现资源的共享和协同，提高资源利用效率，降低项目成本。

第三，建设项目经济信息化能够提升项目管理决策的科学性。在传统的项目管理中，决策往往依赖于经验和直觉，缺乏科学的数据支持；而经济信息化通过收集、整理和分析项目数据，为项目管理决策提供了有力的数据支撑。这有助于降低决策的主观性和盲目性，提高决策的准确性和有效性。同时，信息化手段还可以实现决策过程的透明化和可追溯性，增强决策的可信度和说服力。

第四，建设项目经济信息化有助于推动企业的转型升级。随着信息技术的不断发展和应用领域的不断拓展，经济信息化已经成为企业提升竞争力、实现可持续发展的重要途径。通过推进经济信息化进程，企业可以优化业务流程、提高管理效率、降低成本支出，从而提升企业的整体运营水平和市场竞争力。同时，经济信息化还可以推动企业向智能化、数字化方向发展，为企业的转型升级提供有力支持。

第五，建设项目经济信息化对于整个行业的发展也具有积极意义。建设项目通过推广和应用信息技术手段，可以提升整个行业的项目管理水平和效率，推动行业向更加规范化、标准化、智能化的方向发展。这有助于提升行业的整体形象和竞争力，促进行业的可持续发展。

建设项目经济信息化的意义与价值体现在提升项目管理效率、优化资源配置、提升决策科学性、推动企业转型升级以及促进行业发展等多个方面。因此，我们应该充分认识到经济信息化的重要性，积极采取措施加以推进和实施，以实现项目管理水平的提升和企业的可持续发展。

第二节　建设项目经济信息化的理论基础

一、信息化理论与项目管理理论的融合

建设项目经济信息化的理论基础是信息化理论与项目管理理论的深度融合。这种融合不仅体现在理论层面的相互借鉴与补充上，更在实践中形成了一套独特的经济信息化管理体系，为建设项目的高效运行和精细管理提供了有力的理论支撑。

信息化理论的核心在于通过现代信息技术手段，实现信息的快速传递、处理和利用，从而提高工作效率和质量。在建设项目经济信息化中，信息化理论的应用主要体现在以下几个方面：一是通过构建高效的信息传递和处理系统，实现项目信息的实时更新和共享；二是利用大数据分析、云计算等先进技术，对海量项目数据进行深度挖掘和分析，为项目管理提供科学依据；三是推动项目管理流程的数字化和自动化，减少人为干预，提高管理效率。

项目管理理论则注重项目的计划、组织、协调和控制，以实现项目的目标。在建设项目经济信息化中，项目管理理论的应用主要体现在以下几个方面：一是制订详细的项目计划，明确项目目标、任务和时间节点；二是建立有效的组织结构和协调机制，确保项目团队的高效协作；三是实施严格的项目控制，对项目进度、成本和质量进行实时监控和调整。

信息化理论与项目管理理论的融合，使得建设项目经济信息化在理论和实践层面都取得了显著进展。这种融合不仅提升了项目管理水平，而且推动了项目管理模式的创新。通过信息化手段，项目管理流程得以优化，管理效率得到提高，项目管理决策也更加科学、精准。同时，信息化理论与项目管理理论的融合还推动了项目管理文化的变革，使项目管理更加注重团队协作、信息共享和创新发展。

具体来说，信息化理论与项目管理理论的融合在建设项目经济信息化中表现为以下几个方面：

首先，信息化理论为项目管理提供了高效的信息处理手段。建设项目通过构建项目管理信息系统，实现了项目信息的实时更新和共享，使得项目经理能够随时了解项目进展情况，及时做出决策。同时，可以利用大数据分析等技术手段对项目数据进行深度挖掘和分析，发现潜在的风险和问题，为项目管理提供有力支持。

其次，项目管理理论为信息化应用提供了明确的目标和方向。项目管理注重项目的整体性和系统性，要求信息化应用必须紧密围绕项目目标展开。通过制订详细的项

目计划和管理流程，信息化应用可以有针对性地实施，确保了信息化手段能够真正服务于项目管理需求。

最后，信息化理论与项目管理理论的融合还推动了项目管理模式的创新。传统的项目管理模式往往注重流程控制和任务分工，而信息化手段的应用则使得项目管理更加注重团队协作和信息共享。通过构建协同工作平台，项目团队成员可以实时交流、共享信息、协同工作，从而提高项目管理效率和质量。

信息化理论与项目管理理论的融合是建设项目经济信息化的重要理论基础。未来，随着信息技术的不断进步和应用领域的不断拓展，信息化理论与项目管理理论的融合将更加深入，为建设项目经济信息化的发展提供更加坚实的理论支撑。

二、经济学理论在建设项目经济信息化中的应用

经济学理论在建设项目经济信息化中的应用主要体现在资源配置优化、成本效益分析以及决策支持等方面。这些应用不仅有助于提升项目管理的科学性和效率，还能为企业带来实际的经济效益。

首先，经济学理论在建设项目经济信息化中发挥着资源配置优化的作用。经济学研究社会如何使用稀缺资源生产各种商品或劳务，并分给不同的人，以使人类的欲望得到最大的满足。在建设项目中，资源包括人力、物力、财力等，都是有限的。通过应用经济学理论，可以对项目的资源需求进行预测和规划，确保资源的合理分配和高效利用。同时，经济学理论还可以帮助项目管理者识别和分析资源利用中的"瓶颈"和问题，提出针对性的优化措施，提高资源的利用效率和项目的整体效益。

其次，经济学理论在建设项目经济信息化中应用于成本效益分析。经济学理论中的成本效益分析是一种重要的决策工具，通过对项目的成本和预期效益进行比较，帮助决策者判断项目是否值得投资。在建设项目经济信息化中，可以利用经济学理论中的成本效益分析方法，对项目的投资方案进行评估和选择，确保项目的经济效益最大化。同时，还可以通过信息化手段实时监控项目的成本支出和效益实现情况，及时调整管理策略，确保项目的顺利进行。

最后，经济学理论还为建设项目经济信息化提供决策支持。在项目管理过程中，经常需要面对各种决策问题，如项目选址、技术方案选择、合作伙伴选择等。这些决策问题往往涉及复杂的经济因素和市场环境。经济学理论可以对这些问题进行深入分析和预测，为决策者提供科学依据和参考意见。同时，信息化手段还可以为决策者提供实时数据和信息支持，帮助他们更加准确地把握市场动态和项目进展情况，做出更加明智的决策。

经济学理论在建设项目经济信息化中的应用具有重要意义。通过优化资源配置、进行成本效益分析以及提供决策支持等方式，经济学理论能够提升项目管理的科学性和效率，为企业带来实际的经济效益。因此，在推进建设项目经济信息化的过程中，应充分重视并发挥经济学理论的作用。

三、信息化技术在建设项目管理中的作用机制

信息化技术在建设项目管理中的作用机制主要体现在以下几个方面：

首先，信息化技术通过实现项目管理的数字化和自动化，显著提升项目管理效率。借助信息化系统，项目管理者可以实时收集、处理和分析项目数据，减少手动操作和人为干预，降低出错率，同时加快决策速度，使项目管理更为精准、高效。

其次，信息化技术有助于优化项目管理流程。它可以有效协调项目管理的各个环节，包括需求分析、计划制订、实施控制和成果评估等，减少重复性工作、降低沟通成本，从而提高项目管理效率和质量。

再次，信息化技术还能提升项目管理团队的沟通协调能力。通过实时通信、协同编辑和远程协作等功能，团队成员可以更加紧密地联系在一起，实现信息共享和知识传递，提高工作效率和质量。

最后，信息化技术对项目数据存储和管理也起到了优化作用。它可以实现项目数据的集中存储和共享，方便团队成员查询和使用，同时提高数据的可靠性和准确性，为项目管理提供更为可靠的数据支持。

信息化技术在建设项目管理中的作用机制是通过提升效率、优化流程、加强沟通和优化数据存储等多个方面来实现的，这些机制共同推动了项目管理水平的提升和企业的可持续发展。值得注意的是，随着信息技术的不断发展和创新，其在建设项目管理中的应用也将不断深化和拓展。未来，信息化技术将更加智能化、集成化和个性化，为项目管理带来更大的便利和效益。同时，也需要关注信息化技术在项目管理中可能带来的风险和挑战，如数据安全、系统稳定性等问题，并采取相应的措施进行防范和应对。

四、建设项目经济信息化的理论体系构建

建设项目经济信息化的理论体系构建是一个系统而复杂的任务，它涉及多个学科的交叉融合，旨在形成一个完整、科学、实用的理论框架，为实际项目管理提供理论指导和支持。以下是对建设项目经济信息化理论体系构建的深入探讨。

（一）理论体系的框架构建

建设项目经济信息化的理论体系框架主要包括信息化理论基础、经济学理论基础、项目管理理论基础以及三者的融合机制。信息化理论基础提供了信息技术在项目管理中的应用方法和手段；经济学理论基础为项目资源配置、成本效益分析等提供了理论依据；项目管理理论基础则确保了项目管理的系统性和高效性。这三者之间的融合机制则是理论体系的核心，通过综合运用各种理论和方法，实现项目管理的信息化和经济化。

（二）信息化理论基础的建设

信息化理论基础是建设项目经济信息化理论体系的重要组成部分。它涵盖了信息技术在项目管理中的应用原理、方法和技术，包括但不限于项目管理信息系统的构建与运行、大数据分析在项目管理中的应用、云计算等先进技术对项目管理的支持等。信息化理论基础的建设旨在通过信息技术手段提升项目管理的效率和水平，实现信息的快速传递、共享和处理，为项目管理决策提供有力支持。

（三）经济学理论基础的应用

经济学理论基础在建设项目经济信息化理论体系中占据重要地位。它主要关注项目资源配置的优化、成本效益分析以及经济决策的科学性。通过运用经济学理论和方法，可以对项目的投资方案进行经济评估，确定项目的经济效益和可行性。同时，经济学理论还可以指导项目管理者在资源有限的情况下，如何进行合理的资源配置，以实现项目的整体效益最大化。

（四）项目管理理论基础的融入

项目管理理论基础是建设项目经济信息化理论体系不可或缺的一部分。它提供了项目管理的系统框架和方法论，包括项目计划制订、进度控制、质量管理、风险管理等方面的理论和方法。建设项目将项目管理理论融入信息化和经济学理论，可以确保项目管理的高效性和科学性。同时，项目管理理论还可以为信息化和经济学理论的应用提供实际场景和案例支持，推动理论的不断完善和发展。

（五）融合机制的探索与实践

在构建建设项目经济信息化理论体系的过程中，融合机制的探索与实践是关键环节。融合机制旨在实现信息化理论、经济学理论与项目管理理论的有机结合和相互促进。通过深入研究三者之间的内在联系和相互作用规律，我们可以探索出适合项目管理实际的融合方法和路径。同时，我们还需要通过实际项目的应用与实践，不断检验和完善融合机制的有效性和实用性。

（六）理论体系的发展与创新

建设项目经济信息化的理论体系是一个动态发展的过程。随着信息技术的不断进步和应用领域的不断拓展，理论体系需要不断更新和完善。同时，随着项目管理实践的深入发展，也会涌现出新的理论和方法，需要将其纳入理论体系中。因此，理论体系的发展与创新是一个持续的过程，需要不断吸收新的理论成果和实践经验，推动理论体系不断完善和发展。

综上所述，建设项目经济信息化的理论体系构建是一个复杂而系统的任务。它需要综合考虑信息化理论、经济学理论和项目管理理论等多个方面的因素，以形成一个完整、科学、实用的理论框架。通过构建这样的理论体系，可以为实际项目管理提供有力的理论支持和指导，推动项目管理水平的提升和企业的可持续发展。在未来的研究中，还需要进一步深入探讨理论体系的具体构建方法、融合机制的实现路径以及理论体系的发展创新等问题，以不断丰富和完善建设项目经济信息化的理论体系。

第二章 项目前期经济管理的信息化应用

第一节 前期经济数据的信息化采集与分析

一、数据采集技术与方法

数据采集是信息时代的重要环节，它涉及收集、整理和存储各种类型的数据，以支持分析、决策和创新。在今天的数字化社会中，数据采集技术和方法变得尤为重要，因为它们直接影响着组织的竞争力、创新力和业务决策的质量。

（一）数据采集的基本概念

1. 数据采集的定义

数据采集是指通过各种手段和工具，从不同的来源搜集信息和数据的过程。这可以包括数字数据、文本、图像、声频等多种形式的信息。数据采集的目的是获取有关某个主题或领域的详细信息，以便进行分析、研究或用于业务决策。

2. 数据采集的重要性

数据采集在业务和科研领域扮演着至关重要的角色。它为组织提供了实时的、准确的信息，帮助其更好地了解市场、客户需求、业务运营等方面的情况。在科学研究中，数据采集是实证研究的基石，通过大量的数据样本可以得出科学结论。

（二）数据采集技术工具

1. 传统数据采集工具

（1）调查问卷

调查问卷是一种常见的数据采集工具，通过设计结构化的问题，收集被调查者的观点和看法。传统的纸质问卷已逐渐被在线问卷工具取代，如 SurveyMonkey、Google Forms 等。

（2）采访

采访是通过与被调查者面对面或远程交流获取详细信息的方式。传统的面对面采访逐渐演变为在线视频采访，这样可以跨越地域限制。

2. 现代数据采集工具

（1）传感器技术

随着物联网的发展，各种传感器技术的应用越来越广泛。传感器可以实时采集环境数据、生产数据等，为智能决策提供支持。

（2）网络爬虫

网络爬虫是一种通过自动化程序在互联网上搜集信息的方法。它可以从网页、社交媒体等平台抓取数据，用于市场分析、舆情监测等领域。

（3）数据仓库与大数据技术

数据仓库和大数据技术可以处理和存储大规模的结构化和非结构化数据。通过使用工具如 Hadoop、Spark 等，组织可以更好地管理和分析庞大的数据集。

（三）数据采集方法

1. 主动数据采集

主动数据采集是指通过直接与被调查者互动获取其信息的方式，包括调查问卷、采访等方法。主动数据采集通常能够提供深入的、详细的信息，但成本较高。

2. 被动数据采集

被动数据采集是指在被调查者不知情的情况下，如通过传感器、日志文件、社交媒体活动等方式搜集信息。被动数据采集能够提供实时的、大量的数据，但隐私和伦理问题需要引起重视。

（四）数据采集的挑战和未来发展趋势

1. 隐私和伦理问题

随着数据采集规模的扩大，隐私和伦理问题变得尤为突出。组织需要制定合适的数据保护政策，确保合法、公正、透明的数据采集过程。

2. 数据质量和一致性

数据质量和一致性是数据采集过程中的重要问题。不同来源的数据可能存在差异，需要通过标准化和清洗等手段提高数据质量。

3. 人工智能和机器学习的应用

未来数据采集将更加依赖于人工智能和机器学习技术。这包括自动化的数据标注、模型训练等，以提高数据分析的效率和准确性。

4.边缘计算和分布式数据采集

随着边缘计算技术的发展，数据采集将更加趋向于在数据产生的地方进行处理，以减少数据传输和存储的成本。分布式数据采集系统将更加普及，以适应大规模、高效率的数据处理需求。

数据采集技术和方法的不断创新和发展推动着信息时代的进步。从传统的调查问卷到现代的大数据技术，数据采集的手段变得越来越多样化和高效化。

二、数据分析工具在前期经济管理中的应用

数据采集是信息时代的一个关键环节，对科学研究、商业决策、社会管理等领域都具有重要的作用。数据采集技术与方法的发展不仅推动了信息化进程，也为各行业提供了更准确、全面的信息基础。

（一）数据采集的定义与重要性

数据采集是指通过各种手段和工具，将目标领域内的信息转化为数字化的数据形式，以便进行进一步处理和分析。数据采集的重要性在于它为决策提供了客观、准确的依据，使得决策者能够更好地了解现状，预测未来，从而做出更科学、更有效的决策。

（二）数据采集的技术与方法

1.传统数据采集技术

传统的数据采集技术主要包括人工调查、实地观察、文献查阅等方式。这些方法具有一定的局限性，如人工调查可能导致数据的主观性和不准确性，实地观察受时间、空间等限制。然而，在某些情境下，这些传统技术仍然具备一定的优势，尤其是在涉及主观性较强的信息收集时。

2.现代数据采集技术

随着科技的不断发展，现代数据采集技术不断涌现。其中，自动化数据采集技术是一大亮点，如传感器技术、遥感技术等。传感器技术可以实时监测环境中的各种参数，如温度、湿度、压力等，为实时数据采集提供了可能。遥感技术通过卫星、飞机等远程手段，获取大范围、高分辨率的地理、气象等信息，拓宽了数据采集的空间范围。

3.大数据采集技术

随着大数据时代的到来，大数据采集技术成为数据采集领域的新热点。大数据采集技术具备高速、高容量、多样性和实时性等特点，可以处理海量的数据，挖掘其中的潜在规律。互联网、物联网等技术的发展，使得大数据采集技术得以广泛应用于电商、社交网络、智能交通等领域。

（三）数据采集方法的选择与应用

1. 根据需求确定数据采集方法

在进行数据采集时，需要明确采集的目标和需求，不同的目标可能需要不同的数据采集方法。比如，如果需要了解用户对某产品的满意度，可以选择通过调查问卷收集用户意见；如果需要监测环境中的温度变化，可以选择使用温度传感器进行实时采集。

2. 采用综合方法提高数据质量

为了提高数据的质量和可靠性，可以采用综合的方法。例如，在进行市场调研时，可以结合定量的问卷调查和定性的深度访谈，以获取更全面、准确的信息。综合方法的应用有助于弥补单一方法的局限性，提高数据采集的全面性和可信度。

（四）数据采集技术与方法的应用案例

1. 医疗领域

在医疗领域，数据采集技术被广泛应用于病患监测、医疗设备管理等方面。通过患者体征监测仪器、电子病历等，医生实现对患者的实时监测和病历管理，并获得科学依据，提高医疗效率和水平。

2. 农业领域

农业领域采用现代数据采集技术，如传感器、遥感等，实现对农田的精准管理。通过监测土壤湿度、气温等参数，农民可以及时调整灌溉、施肥等措施，提高农作物产量，实现农业可持续发展。

数据采集技术与方法的不断创新推动着信息化社会的发展。传统和现代数据采集技术相辅相成，综合应用可以更全面、准确地获取信息。在各个领域的应用案例中，数据采集都为提高工作效率、决策科学性和资源利用效率提供了强有力的支持。未来，随着技术的不断更新，数据采集将进一步深化与人工智能、大数据等领域的融合，为各行业带来更多创新和发展机遇。

三、信息化数据对前期决策的支持

在当今信息化时代，数据成为各个领域决策的核心。信息化数据的广泛应用使得前期决策过程更为科学、准确、迅速。

（一）信息化数据的定义与特点

1. 定义

信息化数据是指以数字形式存在的信息，通过信息技术手段进行收集、存储、处理和传递的数据。它涵盖了各个领域的数据，包括但不限于企业管理数据、科研实验数据、社会经济数据等。

2. 特点

信息化数据具有以下几个显著的特点：

数字化形式：信息化数据以数字形式存在，易于传输、存储和处理，为决策提供了高效的基础。

实时性：许多信息化数据是实时更新的，能够反映当前的状态，使决策更具时效性。

多样性：信息化数据涵盖了各种类型的数据，包括结构化数据（如数据库中的表格）、半结构化数据（如 XML 文件）和非结构化数据（如文本、图片、声频、视频等）。

可追溯性：信息化数据的操作历史可追溯，便于分析决策的过程，审查决策的合理性。

（二）信息化数据在前期决策中的应用

1. 数据驱动的决策

信息化数据为前期决策提供了数据支持和决策依据。通过数据的分析和挖掘，决策者可以更全面地了解问题、把握趋势。以数据为基础的决策，更加客观、科学，有助于规避主观因素，减少决策的随意性。

2. 风险管理

在前期决策中，风险评估是不可忽视的一环。信息化数据通过对历史数据、市场数据、竞争对手数据等的分析，为决策者提供了对潜在风险的认知。通过建立风险模型，决策者可以更好地制定决策策略，提前预防和应对潜在风险。

3. 市场调研与趋势分析

信息化数据在市场调研和趋势分析中发挥着关键作用。通过对市场数据、消费者行为数据的分析，决策者可以了解市场需求、竞争格局，制定更符合市场趋势的前期决策，提高企业的市场竞争力。

4. 资源优化

在前期决策中，资源的优化配置是一个关键问题。通过信息化数据的分析，决策者可以清晰地了解资源的利用情况，进行资源的精细化管理。这包括人力资源、财务资源、物流资源等方面，通过数据支持的决策，使资源得到更加有效的利用。

5. 制定目标和指标

信息化数据为制定前期决策的目标和指标提供了依据。通过对历史数据、市场数据等进行分析，决策者可以更准确地设定企业发展目标和绩效指标。这有助于提高决策的针对性和实施的可行性。

（三）信息化数据对前期决策的挑战与应对措施

1. 数据质量问题

信息化数据的质量直接影响着前期决策的准确性。数据的不准确、不完整、不一致可能导致错误的判断。解决这一问题的关键在于建立完善的数据质量管理体系，包括数据清洗、数据验证、数据监控等环节。

2. 隐私与安全问题

在使用信息化数据进行前期决策时，隐私和安全问题备受关注。决策者需要确保数据的合法获取和使用，同时要加强数据的安全防护，防止数据泄露和滥用。

3. 技术水平不均问题

不同行业、不同企业的技术水平参差不齐，导致信息化数据的获取和应用水平不一致。为解决这一问题，可通过技术培训、合作共享等方式，提高企业整体的信息化水平。

信息化数据在前期决策中的应用为决策提供了更多的维度和更大的深度，使得决策更为科学、准确、可靠。然而，信息化的不断发展也面临着一系列的挑战，如数据质量、隐私安全等问题需要被持续关注和解决。通过合理利用信息化数据，加强数据治理，可以更好地推动前期决策的科学化，促进各个领域的可持续发展。

第二节　成本估算与预测的信息化工具

一、成本估算模型的建立与优化

在项目管理和企业经营中，成本估算是一个关键的环节。一个准确、合理的成本估算模型可以为企业决策提供重要支持，有助于合理配置资源、制定预算、降低风险。

（一）成本估算模型的建立步骤

1. 确定估算的范围和目标

在建立成本估算模型之前，需要明确估算的范围和目标。确定估算的具体项目、阶段或业务，明确估算的目的是项目投资决策、制定预算还是其他决策目标。

2. 识别成本估算的关键要素

成本估算的准确性取决于对关键要素的准确识别和评估。关键要素可能包括项目规模、人力资源、物料成本、设备费用、风险成本等。仔细分析项目或业务的各个方面，确保涵盖所有可能影响成本的要素。

3. 选择合适的估算方法

根据项目或业务的性质和数据可用性选择合适的估算方法。常见的估算方法包括顶层估算、参数估算、类比估算、底层估算等。不同的方法适用于不同的情境，需要根据具体情况灵活运用。

4. 收集数据和信息

成本估算依赖于充分的数据和信息支持。在建立模型之前，需要收集项目相关的历史数据、市场数据、行业标准等信息。这可以通过市场调研、专业咨询、历史项目经验等途径来获取。

5. 建立数学模型

基于估算方法和收集到的数据建立数学模型。模型既可以是简单的代数方程，也可以是复杂的统计模型。在建模过程中，需要考虑各个要素之间的关系，确保模型能够准确地反映实际情况。

6. 验证和调整模型

模型建立后，需要进行验证和调整，以确保其准确性和可靠性。验证可以通过与历史数据比较、专家评审、敏感性分析等方法进行。根据验证结果，对模型进行适当的调整和优化。

（二）成本估算模型的关键要素

1. 项目规模

项目规模是成本估算的基础。不同规模的项目可能需要不同规模的资源和投入，因此准确估算项目规模是建立成本估算模型的重要一步。

2. 人力资源

人力资源是成本估算中的重要组成部分，包括项目团队的规模、技能水平、劳动力成本等。准确估算人力资源的投入可以更好地规划项目进程和成本。

3. 物料成本

物料成本涵盖了项目中需要购买的原材料、零部件、设备等的成本。这需要考虑市场价格波动、供应链稳定性等因素，以确保物料成本的估算准确。

4. 设备费用

如果项目涉及使用特殊设备，需要考虑设备的购置、维护和运营成本。对设备费用的准确估算有助于合理安排项目资金和资源。

5.风险成本

风险是项目成本估算中常常被忽视但却十分重要的要素,包括市场风险、技术风险、人员流动风险等。通过对风险进行评估,可以将风险成本纳入估算模型,提高决策的全面性和鲁棒性。

（三）常用的成本估算方法

1.顶层估算

顶层估算是通过对整个项目进行宏观估算,基于项目的整体特征和规模给出总体的成本估算。这种方法适用于项目初期,信息较为不完整的情况。

2.参数估算

参数估算是根据已知的参数和历史数据,通过建立数学关系来进行成本估算。这种方法依赖于参数的准确性,适用于已有足够数据支持的情况。

3.类比估算

类比估算是通过将当前项目与过去的类似项目进行比较,基于相似性来估算成本。这种方法需要有足够的历史项目数据支持,并且要求项目之间的相似性较高。

4.底层估算

底层估算是先对项目的各个组成部分进行逐一估算,然后将这些估算值汇总得到总体成本。这种方法适用于项目细节已经比较清晰的情况,需要对项目的每个方面进行详细的分析和估算。

5.专家判断

专家判断是一种基于专业人员的经验和知识进行的成本估算方法。通过请教行业专家或领域专业人士,借助他们的经验和见解来进行成本估算。这种方法可以弥补数据不足的情况,但依赖于专家的经验水平。

（四）成本估算模型的优化策略

1.持续学习与更新

由于市场、技术、环境等因素的不断变化,成本估算模型需要保持与时俱进。持续学习最新的行业动态、技术进展,更新模型中的关键参数和假设,以确保模型的准确性和实用性。

2.数据质量和准确性的提升

成本估算模型的准确性直接取决于数据的质量。因此,优化策略之一是提升数据的质量和准确性。应建立健全的数据采集和管理机制,确保数据的真实性、完整性和及时性。

3. 引入风险管理机制

风险是成本估算中的一个不可忽视的要素。企业通过引入风险管理机制，将风险因素纳入估算模型，进行风险分析和评估。这有助于更全面地考虑潜在风险对成本的影响，提高决策的稳健性。

4. 模型的灵活性和可调整性

成本估算模型需要具有一定的灵活性，能够适应不同项目或业务场景的需求。在建模过程中考虑多个情景，为不同的变化提供相应的模型调整方案，使模型更具通用性和适应性。

5. 采用敏感性分析

敏感性分析是通过改变模型中的各项参数，评估这些变化对成本估算的影响。项目通过敏感性分析，可以识别出哪些参数对成本估算影响较大，进而有针对性地优化和调整。

6. 制定合理的成本控制策略

成本估算不仅仅是为了提供一个预测的数字，更是为了制定合理的成本控制策略。在建立成本估算模型时，考虑如何在项目执行过程中进行成本监控和控制，确保项目在预算范围内运行。

成本估算模型的建立与优化是企业决策和项目管理中的关键环节。准确的成本估算有助于降低经济风险、提高决策的科学性和可行性。通过清晰的步骤、明确的关键要素、合理的方法以及不断优化的策略，企业和项目团队可以建立更为精准、可靠的成本估算模型，为持续发展提供有力支持。随着技术的不断进步和经验的积累，成本估算模型将在未来不断演进，从而更好地服务于企业和项目管理。

二、预测模型在前期经济管理中的应用

在现代经济管理中，预测模型是一种重要的工具，它通过对历史数据和相关变量的分析，建立数学模型，以预测未来经济趋势、市场需求、企业业绩等信息。在前期经济管理中，预测模型的应用不仅有助于提前识别潜在风险，还可以指导决策者合理规划资源、调整战略，使企业更好地适应动态的市场环境。

（一）预测模型的定义与重要性

1. 定义

预测模型是通过对历史数据、市场趋势、影响因素等的分析，建立数学或统计模型，以预测未来事件或趋势的工具。预测模型可以基于时间序列分析、回归分析、机器学习等方法，通过对相关变量的建模，输出未来的可能情景。

2.重要性

预测模型在前期经济管理中的重要性主要体现在以下几个方面：

提前发现潜在风险：通过对市场、行业、企业内外部因素的预测，可以提前发现潜在的经济风险，有助于企业采取相应措施应对。

支持决策制定：提供对未来可能发生情景的预测，有助于决策者制定更有针对性、科学的经济管理决策，减少盲目性和不确定性。

资源合理配置：预测模型能够指导企业在前期合理配置资源，包括人力、财务、物资等，以应对未来可能的经济形势。

制订战略规划：帮助企业制订长期战略规划，更好地把握市场发展趋势，提前做好布局，增强企业的竞争力。

（二）预测模型的建立方法

1.时间序列分析

时间序列分析是通过对一系列按照时间顺序排列的数据进行分析，识别和利用数据中存在的模式，从而预测未来的趋势。常用的时间序列分析方法包括移动平均法、指数平滑法、季节分解法等。

2.回归分析

回归分析是通过对因变量和一个或多个自变量之间关系的建模来预测未来因变量的方法。通过拟合一个数学方程，回归分析可以用来描述变量之间的关系，并进行未来的预测。

3.机器学习方法

机器学习方法在预测模型中得到了广泛应用，包括决策树、支持向量机、神经网络等。这些方法通过学习历史数据中的模式，可以更灵活地适应不同类型的数据，并提高预测的准确性。

4.贝叶斯统计方法

贝叶斯统计方法是基于贝叶斯定理进行的概率推断，它可以结合先验信息和观测数据，对未来事件的概率进行推断。在经济管理中，贝叶斯统计方法可以用于风险评估和概率预测。

（三）预测模型在不同领域的应用

1.经济趋势预测

预测模型在经济管理中最为常见的应用是对整体经济趋势的预测。通过对国家、地区的宏观经济指标、货币政策、政府政策等因素的分析，可以建立经济增长、通货膨胀、失业率等方面的预测模型，为政府和企业提供制定战略的参考依据。

2.市场需求预测

企业在前期经济管理中需要准确估计市场需求，以便合理制订生产计划、库存策略和市场推广方案。预测模型可以通过分析历史销售数据、消费者行为、市场竞争情况等，提供对未来市场需求的估算。

3.金融市场预测

在金融领域，预测模型广泛应用于股市、汇率、利率等方面。分析大量的金融数据，包括历史交易数据、宏观经济指标等，建立股市走势、货币汇率、利率水平等方面的预测模型，有助于投资者、金融机构和政府制定更有效的投资策略、货币政策和风险管理措施。

4.人力资源规划

在企业管理中，人力资源的合理规划对企业的稳健运营至关重要。通过建立人力资源需求预测模型，可以根据企业的发展战略、市场变化等因素，预测未来的人力需求，并采取相应的招聘、培训和人才引进策略。

5.生产计划与库存管理

对于制造企业，预测模型在生产计划和库存管理中发挥着重要作用。通过分析销售趋势、供应链状况、季节性变化等，建立生产计划和库存水平的预测模型，有助于企业避免过度库存或缺货，提高生产效率。

6.营销策略制定

预测模型在营销领域也有广泛应用。企业通过分析市场趋势、消费者行为、竞争情况等，可以建立销售预测模型，获取对产品销售量、市场份额等方面的预测，有助于制定更具针对性的营销策略。

（四）预测模型的优势与挑战

1.优势

提高决策的科学性：预测模型基于数据和统计分析，提供客观、科学的预测结果，有助于决策者更准确地理解当前状况和未来趋势，从而做出更明智的决策。

优化资源配置：通过预测模型，企业可以更好地规划和配置资源，包括人力、财务、物资等，提高资源利用效率，降低成本。

增强企业竞争力：对市场、行业、经济趋势的准确预测有助于企业制定灵活、切实可行的战略，增强企业在竞争激烈市场中的竞争力。

2.挑战

不确定性：预测模型面临未来不确定性的挑战。市场、经济、政策等因素的变化可能导致预测的偏差，尤其在复杂多变的环境中，预测的准确性难以保证。

数据质量：预测模型依赖于历史数据和相关变量的质量。如果数据质量不高，包括数据的缺失、错误等，将影响模型的建立和预测结果的准确性。

模型选择和参数调整：在建立预测模型时，需要选择适当的模型和方法，并对其进行调整。模型的选择和参数的调整需要参考具体情况，这需要丰富的经验和专业知识。

（五）预测模型的应用策略

1.综合利用多种模型

在实际应用中，往往不存在一种模型适用于所有情况。因此，综合利用多种模型，采用模型集成的方式，可以提高预测的准确性。不同模型的组合可能更好地捕捉不同类型的关系和趋势。

2.建立实时更新机制

由于环境的动态性，预测模型的准确性在时间上会逐渐降低。建立实时更新机制，定期对模型进行更新和调整，及时纳入新的数据和变量，有助于保持模型的预测能力。

3.结合专家判断

预测模型的建立不仅仅是一个数学问题，更涉及对业务领域的理解和专业知识。结合专家判断，将专家的经验和见解融入模型中，有助于提高模型的实用性和适应性。

4.制定应对方案

在预测的基础上制定应对方案。由于预测的目的是指导决策，因此预测结果应该被转化为实际的行动计划。制定灵活、可执行的应对方案，有助于企业及时应对变化。

预测模型在前期经济管理中的应用对企业的可持续发展至关重要。通过科学的数据分析和建模，预测模型可以为企业提供未来经济走势、市场需求、企业绩效等方面的重要信息，有助于提高决策的科学性、降低风险、优化资源配置。然而，预测模型的应用也面临着一系列的挑战，包括不确定性、数据质量、模型选择等。

第三节　投资风险评估与管理的信息化手段

一、风险评估模型的建构

风险评估是企业管理中不可或缺的一环，它涉及对各种潜在风险的识别、评估和应对策略的制定。为了更有效地进行风险管理，企业通常会采用风险评估模型。

（一）风险评估模型的定义

风险评估模型是一种系统化的框架或方法，用于识别、分析和评估潜在的风险，以便决策者能够更全面地理解风险并做出明智的决策。这一模型通常包含了一系列步骤和工具，帮助企业量化风险、优先级排序，并制定应对策略。

（二）风险评估模型的建立步骤

1. 确定评估范围和目标

在建立风险评估模型之前，需要明确定义评估的范围和目标。这可能涉及整个企业、特定项目、某个业务流程等。明确的范围和目标有助于更有针对性地开展风险评估。

2. 识别潜在风险

风险评估的第一步是识别潜在的风险。这可以通过与团队成员、专业人员的讨论、文献研究、历史数据分析等方法来进行。重要的是全面考虑各种风险类型，包括战略风险、操作风险、市场风险等。

3. 量化风险

一旦潜在风险被识别，下一步便是量化这些风险。这可能涉及制定合适的指标、评分体系或其他方法，以对风险的可能性和影响进行量化。这可以帮助企业更好地理解各种风险的相对重要性。

4. 评估风险优先级

通过将潜在风险的可能性和影响结合起来，企业可以计算每个风险的风险优先级，有助于确定哪些风险需要优先考虑和应对。通常，风险优先级高的需要多注意。

5. 制定应对策略

根据评估结果，企业需要制定相应的应对策略。这可能包括风险规避、风险转移、风险减轻等不同的方法。制定应对策略的同时需要考虑每种策略的成本和效益，以确保选择最合适的方案。

6. 设计监测和反馈机制

建立风险评估模型并制定应对策略并不是终点，而是一个持续改进的过程。企业需要设计监测和反馈机制，以随时调整策略、更新风险评估，并确保风险管理的有效性。

（三）风险评估模型的关键要素

1. 风险识别方法

风险评估模型的有效性在很大程度上取决于风险识别的全面性和准确性。合理的风险识别方法应包括专家访谈、头脑风暴、场景分析、历史数据分析等多种手段，以确保潜在风险的全面考虑。

2.风险量化方法

量化风险是风险评估模型中的关键步骤。企业可以选择不同的量化方法，包括定性评分、概率分布、数学模型等。选择适当的量化方法有助于更准确地理解风险的影响程度。

3.评估工具和技术

使用适当的工具和技术有助于提高风险评估模型的效率和准确性，常用的工具包括风险矩阵、故障树分析、事件树分析、模拟模型等，选择哪种合适的工具取决于评估的具体情境。

4.风险优先级计算方法

计算风险优先级是确定哪些风险需要更多关注的关键步骤，不同的计算方法可能包括简单的加权求和、熵权法、层次分析法等，选择合适的计算方法有助于更准确地确定风险的相对重要性。

5.应对策略制定方法

有效的风险评估模型需要明确的应对策略。在制定应对策略时，企业需要考虑的是不同风险的特点和企业的具体情况。常见的应对策略包括：

规避（Avoidance）：通过采取措施避免潜在的风险发生，可能包括撤离某个市场、停止某项业务等。

转移（Transfer）：将潜在的风险责任转移给其他实体，如购买保险、签署合同等。

减轻（Mitigation）：采取措施降低风险的发生概率或降低其影响，如改进流程、加强培训等。

接受（Acceptance）：有时候企业可能会选择接受某些风险，尤其是在成本太高或无法避免的情况下，这需要一个明智的决策。

6.监测与反馈机制

建构风险评估模型的关键要素之一是监测与反馈机制。企业需要确保制定的风险应对策略能够及时、有效地执行，并根据实际情况进行调整。监测和反馈机制的设计需要考虑关键绩效指标、报告频率、沟通渠道等。

（四）风险评估模型的优化方法

1.数据的持续更新

风险评估模型的准确性和实用性在很大程度上取决于使用的数据。因此，持续更新数据是优化模型的重要手段。应定期收集和更新与风险相关的数据，以保持模型的时效性和精准性。

2.专业知识的整合

风险评估模型的优化还需要不断整合专业知识，包括对行业趋势、法规政策、技术发展等方面的了解。通过与专业人员的密切合作，可以更好地捕捉潜在风险并制定更为有效的应对策略。

3.模型的灵活性

风险评估模型需要具备一定的灵活性，以适应不同业务场景和市场环境的变化。在模型设计时，考虑不同因素的变化对风险的影响，使模型更加通用并具有更强的适应性。

4.风险培训与意识提升

员工的风险意识和能力对于风险评估的有效性至关重要。企业可以通过培训和意识提升活动帮助员工更好地理解风险评估模型，提高他们对潜在风险的识别和处理能力。

5.定期评估和验证

定期对风险评估模型进行评估和验证，以确保模型的准确性和有效性。这可以通过与实际发生的风险情况进行比较，以及收集用户反馈等方式来实现。根据评估结果及时调整和改进模型。

（五）风险评估模型的实际应用案例

1.金融行业

在金融行业，风险评估模型被广泛应用于信用风险、市场风险、操作风险等方面。通过对客户信用、市场波动、操作失误等因素的评估，金融机构可以更好地制定风险管理策略，保障资金的安全性。

2.制造业

在制造业，风险评估模型可以用于评估供应链风险、生产过程风险等。通过识别潜在的供应链中断、原材料涨价、生产设备故障等风险，制造企业可以更好地规划生产计划，减少生产风险。

3.医疗行业

医疗行业面临着多种潜在风险，包括患者安全、医疗技术风险、法律合规风险等。通过建立风险评估模型，医疗机构可以更好地保障患者安全、规避法律责任，并提高医疗服务的质量。

风险评估模型在企业管理中扮演着关键的角色。通过系统的风险评估，企业可以更全面、科学地认识潜在风险，制定有效的风险管理策略，提高应对风险的能力。模型的建立需要明确的步骤、关键要素和合适的方法，同时在实际应用中还需要不断优化和更新模型。随着企业环境的变化和风险的演变，风险评估模型将不断演进，以更好地适应不断变化的商业环境。

二、风险管理软件在投资决策中的应用

在当今不断变化的经济环境中，投资决策变得越发复杂。面对各种市场波动、行业竞争以及宏观经济因素的影响，投资者和企业需要更为科学和系统的方法来管理和评估风险。风险管理软件因其强大的数据分析和模型建设能力而在投资决策中得到了广泛应用。

（一）风险管理软件的功能特点

1. 数据整合与分析

风险管理软件通常具备强大的数据整合和分析功能。它能够从多个数据源中收集、整合数据，并通过先进的分析算法识别潜在的风险因素。这种功能使投资者能够更全面地了解市场、行业和企业的状况，为投资决策提供有力支持。

2. 风险识别与评估

风险管理软件能够帮助用户系统地识别和评估各种风险。通过分析市场趋势、企业财务状况、行业竞争情况等因素，风险管理软件能够量化风险的可能性和影响，为投资者提供更准确的风险评估。

3. 模拟与预测

模拟和预测功能是风险管理软件的重要组成部分。通过对不同情景的模拟和预测，投资者可以更好地了解不同决策对投资组合的影响。这有助于制定更具鲁棒性的投资策略，并在不同的市场情况下做出相应调整。

4. 报告和可视化

风险管理软件通常提供强大的报告和可视化工具。用户可以通过图表、表格等形式清晰地看到风险分析的结果，从而更好地理解和传递风险信息。这有助于提高决策者对风险状况的认识。

5. 自动化与智能决策

一些先进的风险管理软件具备自动化和智能决策的能力。通过预设的规则和算法，风险管理软件能够在实时监测市场情况的基础上自动做出相应决策，从而提高投资决策的效率和及时性。

（二）风险管理软件在投资决策中的应用场景

1. 投资组合管理

风险管理软件在投资组合管理中发挥着关键作用。通过对不同资产的风险进行评估和管理，软件可以帮助投资者构建更为均衡和优化的投资组合。同时，在不同市场情况下，软件能够实时调整投资组合，以适应市场的动态变化。

2. 企业风险管理

企业在经营过程中面临着各种风险，包括市场风险、财务风险、供应链风险等。风险管理软件可以帮助企业全面识别和评估这些风险，制定相应的风险管理策略。通过对企业风险进行精细管理，风险管理软件有助于企业提高抗风险能力和长期稳定发展。

3. 资产管理

在资产管理领域，风险管理软件可以帮助资产管理公司更好地识别、量化和管理不同投资产品的风险。通过对市场、行业、公司等多方面进行分析，风险管理软件可以提供更为全面的风险信息，使资产管理公司能够更好地保护客户资产。

4. 项目投资决策

在项目投资决策中，风险是一个不可避免的因素。风险管理软件可以通过对项目的不同方面进行综合评估，包括市场前景、技术可行性、财务风险等，为投资者提供更为科学的投资决策依据。这有助于降低项目失败的风险，提高投资回报率。

5. 金融衍生品交易

在金融衍生品交易中，风险管理软件扮演着重要的角色。通过对市场波动、利率变动等因素进行实时监测和分析，软件可以帮助交易员更好地把握市场动态，制定合适的交易策略，并及时调整仓位以规避风险。

（三）风险管理软件在投资决策中的优势

1. 提高决策效率

风险管理软件的自动化和智能化功能能够大大提高决策的效率。通过实时监测市场、自动分析数据，软件可以在瞬息万变的市场环境中及时做出决策，减少人为因素对决策的影响，从而提高整体的决策效率。

2. 降低决策风险

风险管理软件能够帮助用户更全面、系统地识别和评估潜在的风险。通过模拟和预测功能，软件可以在决策前对各种情景进行模拟，帮助投资者更好地了解可能的风险和损失。这有助于降低决策的盲目性，提高投资决策的准确性。

3. 提供全面的数据支持

风险管理软件可以从多个数据源中整合和分析数据，为用户提供全面的数据支持。这包括市场数据、财务数据、行业数据等多方面的信息。全面的数据支持有助于投资者更全面地了解市场和投资标的，从而做出更为明智的决策。

4. 个性化定制和灵活性

不同的投资者和企业在面临的风险和决策需求上存在差异。风险管理软件通常具有一定的灵活性，可以根据用户的需求进行个性化定制。这意味着用户可以根据自己的投资风格、偏好和目标，调整软件的设置，使其更符合个性化的决策需求。

5. 实时监控和反馈

风险管理软件能够实时监控市场变化和投资组合状况。这使得用户能够及时了解投资组合的风险状况，以便迅速做出调整。实时监控和反馈功能有助于降低投资者因市场波动而导致的损失，提高投资组合的实时性和灵活性。

（四）风险管理软件在投资决策中的挑战

1. 复杂性和学习曲线

一些高级的风险管理软件可能具有较高的复杂性，需要用户具备一定的专业知识和技能才能充分发挥其功能。对一些初学者或非专业投资者来说，软件的学习曲线可能较陡峭，这可能是一个挑战。

2. 数据质量和准确性

软件的分析和决策依赖于输入数据的质量和准确性。如果数据源不稳定、质量差，或者软件对数据的处理算法不够健壮，就可能导致输出结果的不准确性。因此，数据的质量和准确性是使用风险管理软件时需要特别注意的问题。

3. 人工智能的不确定性

一些风险管理软件可能涉及人工智能和机器学习技术，这些技术的决策过程通常被视为"黑箱"，难以解释其具体的决策逻辑。这可能引发用户对模型的不确定性和不信任，因为用户难以理解模型是如何得出特定决策的。

4. 初始投入和维护成本

一些高级的风险管理软件可能需要较高的初始投入和维护成本。这包括软件购买费用、培训费用以及软件的更新和维护费用。对一些小型企业或个体投资者来说，这可能是一个负担。

（五）风险管理软件未来的发展趋势

1.人工智能和机器学习的应用

随着人工智能和机器学习技术的不断发展，它们将更多地被应用于风险管理软件中。这将提高软件对大量数据的处理能力，更精准地识别和预测潜在风险。

2.区块链技术的整合

区块链技术的整合将有助于提高数据的安全性和可信度。通过区块链技术，风险管理软件可以更好地追踪和验证数据来源，降低数据被篡改的风险。

3.更多领域的覆盖

未来的风险管理软件可能会扩大覆盖的领域，涵盖更多行业和领域。例如，可能会有更专业化的软件针对特定行业的风险进行管理，满足不同用户的特定需求。

4.用户友好性的提升

为了应对软件复杂性和学习曲线的挑战，未来的风险管理软件可能会更注重用户友好性，提供更直观、易用的界面和功能，以吸引更多的用户。

三、风险信息化对项目可行性分析的支持

项目可行性分析是项目管理中的关键步骤，旨在评估项目在技术、经济、法律、环境等多个方面的可行性。随着信息化技术的发展，风险信息化在项目可行性分析中的应用逐渐成为一个重要趋势。

（一）风险信息化的概念

风险信息化是将风险管理与信息技术相结合，通过采用先进的信息技术手段，对项目、企业或组织内的各种风险进行全面、系统、动态的管理与分析的过程。在项目可行性分析中，风险信息化主要体现在对项目相关风险的收集、分析、展示和决策支持等方面。

（二）风险信息化在项目可行性分析中的优势

1.实时性与全面性

风险信息化系统能够实时监测项目中的各种风险因素。通过数据的实时采集和更新，项目团队可以及时了解项目的风险状况，确保在决策过程中考虑到最新的风险信息。同时，风险信息化系统能够全面收集各个方面的风险，包括技术风险、市场风险、法律风险等，使得项目可行性分析更为全面。

2.数据分析与模型建设

风险信息化系统通常具备强大的数据分析和模型建设功能。通过对历史数据和实时数据的分析，系统可以发现潜在的风险模式和趋势。这有助于项目团队更好地理解不同风险因素之间的关系，为可行性分析提供更深入的支持。

3.多维度展示与决策支持

风险信息化系统可以通过图表、报表等方式，多维度地展示项目的风险情况。这使得决策者可以直观地了解各种风险的权重和相互关系。同时，系统还能够提供智能化的决策支持，帮助决策者在不同决策方案中选择最优的路径，提高项目的成功概率。

4.协同与沟通

风险信息化系统促进了项目团队的协同工作和信息共享。通过系统平台，团队成员可以随时随地共享关于风险的信息，进行实时的沟通和讨论。这有助于团队更好地协同应对项目中的各种风险，提高整体协同效率。

（三）风险信息化在项目可行性分析中的应用方法

1.风险识别与登记

风险信息化的第一步是对项目中的潜在风险进行识别与登记。通过系统平台，项目团队成员可以提供各自领域内的风险信息，包括可能的风险事件、影响因素、概率等。这有助于建立一个全面的风险登记库。

2.数据分析与模型建设

风险信息化系统通过对已有的和实时的数据进行分析，建立风险模型。这可能包括统计模型、机器学习模型等。这些模型能够识别出潜在的风险模式，提供对不同风险的概率和影响的量化分析。

3.多维度展示与报告生成

基于风险信息化系统的分析结果，可以生成多维度的展示和详细的报告。这些展示形式包括饼状图、柱状图、热力图等，以直观方式展示不同风险的分布和影响程度。同时，系统可以根据用户需求生成详尽的报告，供决策者参考。

4.实时监控与警示机制

风险信息化系统能够实时监控项目中的风险状况。一旦系统检测到某个风险事件可能发生，就能够通过警示机制及时通知相关人员。这有助于项目团队及时采取措施，防范风险的发生。

5.决策支持与优化方案

在项目可行性分析的决策阶段，风险信息化系统可以提供决策支持。系统通过模型计算出不同决策方案的风险权重，帮助决策者更全面地考虑各种因素，选择风险最小、效益最大的方案。同时，系统还能够对决策方案进行优化，提供改进建议。

（四）风险信息化在项目可行性分析中的案例分析

1. 大型建筑项目

在大型建筑项目中，风险信息化系统被广泛应用于项目可行性分析。项目团队利用风险信息化系统对施工期间可能面临的各种风险进行识别和评估，包括工程设计变更、材料供应风险、人力资源不足等。通过系统的数据分析和模型建设，项目团队可以实时了解不同风险的发生概率及其对项目进度和成本的影响。多维度的展示和实时监控帮助决策者迅速做出反应，调整施工计划，最大限度地减轻潜在风险的影响，确保项目的可行性和成功实施。

2. 新产品开发项目

在新产品开发项目中，风险信息化系统为项目团队提供了全面的风险识别和管理工具。通过系统的协同平台，不同部门的团队成员可以实时分享关于市场变化、技术难题、竞争压力等方面的信息，形成全方位的风险登记库。系统利用数据分析和模型建设，对新产品开发可能面临的市场风险和技术风险进行量化评估。决策者通过系统生成的报告和多维度展示，更好地了解各种风险对新产品成功推向市场的影响，从而制定更为明智的决策。

3. 信息技术项目

在信息技术项目中，风险信息化系统为项目管理团队提供了全面的风险视图。系统通过整合各种信息技术项目中可能涉及的风险因素，如技术选型、系统集成、数据安全等，建立了多维度的风险模型。团队成员可以实时更新风险信息，系统通过实时监控与警示机制，使得项目团队能够及时发现并解决潜在风险。决策者通过系统提供的决策支持工具，可以更好地选择技术方案、预防潜在风险，提高项目的可行性。

（五）风险信息化对项目可行性分析的挑战

1. 数据质量和可信度

风险信息化的有效性依赖于数据的质量和可信度。如果数据来源不准确、不完整或不可靠，那么系统分析的结果可能会产生误导性。因此，确保数据的质量和可信度是一个需要重点关注的挑战。

2. 系统集成与数据同步

在大型项目中，可能存在多个子系统和数据库，需要确保风险信息化系统能够与这些系统进行有效集成，保证数据的同步和一致性。系统集成的困难可能导致信息孤岛，降低风险信息的全面性和实时性。

3. 用户培训和接受度

风险信息化系统通常涉及复杂的数据分析和模型建设，对用户具备一定的培训需求。用户对系统的接受度可能受到技能水平、理解程度等因素的影响，因此，项目团队需要投入一定资源进行用户培训，以提高团队成员对系统的使用熟练度。

4. 隐私和安全问题

由于风险信息化系统涉及项目的核心数据，可能包含敏感信息，因此隐私和安全问题是一个潜在的挑战，需要采取相应的技术和管理手段来确保项目信息的安全和隐私不受侵犯。

（六）风险信息化在项目可行性分析中的未来发展趋势

1. 人工智能和机器学习的应用

未来，风险信息化系统可能更加广泛地应用人工智能和机器学习技术。这将使系统能够更精准地预测潜在风险、提供自动化决策支持，并不断优化模型以适应项目环境的变化。

2. 区块链技术的整合

区块链技术的整合可以提高风险信息的可信度和安全性。区块链的不可篡改性和去中心化特点，可以确保风险信息的真实性，并降低数据被篡改的风险。

3. 智能决策系统的发展

未来，风险信息化系统可能朝着更加智能化的方向发展，将提供更具智能的决策支持。通过整合更多的智能决策算法和工具，系统可以更好地帮助项目管理团队做出科学、全面的决策。

4. 移动化和云计算技术的普及

随着移动化和云计算技术的普及，未来的风险信息化系统可能更加注重用户的移动化使用和云端服务。这将使得项目团队能够更灵活地随时随地访问风险信息，实现更高效的团队协作。

第三章　工程造价管理的信息化创新

一、工程造价软件的选择与使用

工程造价管理是建设项目中的重要环节,它直接关系着项目的经济效益和可行性。随着科技的不断进步,工程造价软件的应用逐渐成为提高管理效率和准确性的必要手段。

(一)工程造价软件的选择标准

1.功能完备性

首要考虑的是工程造价软件的功能完备性。软件应当涵盖从项目初期的概算、投标报价,到后期的预算、结算等全过程的工程造价管理功能。合适的软件应包括但不限于项目信息管理、费用估算、招标管理、合同管理、支付管理、成本控制等模块,以满足不同阶段的工程造价需求。

2.使用便捷性

软件的使用便捷性直接关系着用户的学习和操作成本。一款良好的工程造价软件应该具备直观易用的用户界面、清晰的操作流程以及良好的交互设计,以便用户更快速地上手,并提高软件的使用效率。同时,软件还应支持多平台操作,包括桌面端和移动端,以满足不同使用场景下的需求。

3.数据准确性与安全性

在工程造价管理中,数据的准确性至关重要。因此,选择软件时要关注其数据处理和计算的准确性,以及对错误数据的有效处理机制。同时,软件应具备安全性保障,包括数据的加密传输、权限管理、备份与恢复等功能,以确保项目数据的保密性和完整性。

4. 报表与分析功能

一款优秀的工程造价软件应该具备强大的报表和分析功能。软件应能够生成清晰、直观的报表，包括费用分析报告、成本控制报告等，帮助管理者及时了解项目的经济状况。软件还应支持灵活的数据分析，便于用户根据需要进行深入的数据挖掘和分析。

5. 成本与性价比

成本是选择工程造价软件时的重要考虑因素。软件的价格应与其功能、性能、服务等因素相匹配，以确保所投资的成本能够获得合理的回报。同时，还需要考虑软件的升级、维护费用，以综合评估软件的性价比。

（二）工程造价软件的功能要求

1. 项目信息管理

工程造价软件应该具备完善的项目信息管理功能，包括项目基本信息的录入、修改、查询等，确保项目信息的准确性和完整性。

2. 费用估算

软件应支持全面的费用估算功能，能够根据项目不同阶段的需求进行灵活的估算，包括概算、投标报价等，确保项目在前期就能够有准确的费用估算。

3. 招标管理

招标是工程项目的重要环节，软件应支持招标文件的制作、发布、投标人信息管理等功能，同时能够对招标过程进行跟踪和评估。

4. 合同管理

合同管理模块应能够支持合同信息的录入、合同金额的管理、变更管理等功能，确保合同的签订和执行都在系统中得到有效控制。

5. 支付管理

工程造价软件应该具备支付管理的功能，包括支付计划的制订、支付的审核与审批等，确保支付过程的透明和合规。

6. 成本控制

软件应支持成本控制功能，包括实际成本与预算成本的对比、成本分析等。通过成本控制，确保项目能够在规定的成本范围内顺利进行。

7. 报表与分析

工程造价软件应提供多样化的报表和分析工具，包括费用分析报告、成本趋势分析、盈亏分析等。这有助于项目管理团队更好地理解项目的经济状况，做出科学的决策。

（三）工程造价软件使用流程

1. 项目立项

在项目立项阶段，用户应通过工程造价软件录入项目基本信息，包括项目名称、地点、业主信息等。同时，对项目进行初步的费用估算，形成概算。

2. 费用估算

根据项目的具体需求，用户可使用工程造价软件进行费用估算。通过输入项目的关键参数，软件能够提供相应的费用预测，帮助用户在项目初期就对经济投入进行合理规划。

3. 招投标管理

在招投标阶段，工程造价软件可用于招标文件的制作和发布。通过软件，用户能够在线发布招标公告，管理投标人信息，实现招标过程的数字化管理。

4. 合同管理

一旦招标完成，合同管理模块变得至关重要。通过工程造价软件，用户可以录入合同信息，包括合同金额、支付方式等。软件还能够对合同的履行情况进行跟踪，确保合同的有效执行。

5. 支付管理

在项目的执行阶段，支付管理是不可或缺的一环。工程造价软件可用于制订支付计划及审核支付申请，实现对支付过程的监控和控制。这有助于确保项目支付的透明性和合规性。

6. 成本控制

成本控制是项目管理中的重要环节。通过工程造价软件，用户能够实时监控实际成本与预算成本的差异，进行成本分析，及时发现和解决成本超支的问题。这有助于确保项目能够在规定的成本范围内运行。

7. 报表与分析

工程造价软件能提供丰富的报表和分析工具，用户可根据需要生成各类报表，如费用分析报告、成本趋势分析等。通过这些报表，管理团队可以更全面地了解项目的经济状况，为决策提供数据支持。

（四）工程造价软件使用中的注意事项

1. 数据质量

数据质量直接影响工程造价软件的准确性。用户在使用软件时，应确保录入的数据准确、完整，以避免误导性的分析结果。定期对数据进行检查和清理，提高数据的质量和可信度。

2.用户培训

为了更好地使用工程造价软件，项目团队需要进行系统培训。用户培训应涵盖软件的基本操作、高级功能的使用等内容，以提高团队成员的熟练度，降低使用过程中的错误率。

3.系统集成

工程造价软件通常需要与其他系统进行集成，如财务系统、项目管理系统等。在选择软件时，需要确保其具备良好的系统集成能力，以确保项目信息的一致性和流畅的信息交互。

4.定期更新和维护

软件通常会定期发布更新，用户需要及时进行软件的升级，以获得更好的性能和安全性。同时，对软件的日常维护也至关重要，确保软件的稳定运行。

5.法规遵循

在工程造价管理中，项目团队需要遵循相关的法规和标准。选择的工程造价软件应符合行业法规，具备相应的法规支持。用户在使用软件时，需保证其操作符合相关法规要求。

（五）工程造价软件未来发展趋势

1.人工智能和大数据的融合

未来，工程造价软件有望更加融合人工智能和大数据技术。人工智能算法可以提高费用估算的准确性，大数据技术则能够处理更庞大、更复杂的项目数据，为用户提供更全面的决策支持。

2.云计算和移动化

随着云计算和移动化技术的发展，工程造价软件可能更加注重在云端提供服务，并支持移动设备的使用。云计算技术提供了更高的灵活性和可扩展性；移动化则使用户能够随时随地进行操作，更好地适应项目管理的多元化需求。

3.区块链技术的应用

区块链技术的应用有望提高工程造价软件数据的安全性和可信度。区块链的不可篡改性和去中心化特点，可以确保项目信息的真实性，并降低数据被篡改的风险。

4.智能决策系统的发展

未来，工程造价软件可能更加智能化，提供更具智能的决策支持。通过整合更多的智能决策算法和工具，软件可以更好地帮助项目管理团队做出科学、全面的决策，提高项目的成功概率。

二、数据集成与编制效率的提升

在当今数字化时代，数据被认为是企业决策和运营的关键资源。然而，随着企业规模的扩大和信息系统复杂性的提高，各种数据往往分散在不同的系统和平台上，导致了数据孤岛问题的出现。为了更好地利用数据，提高企业的决策效率，数据集成成为一项至关重要的任务。

（一）数据集成概述

1. 数据集成定义

数据集成是指将来自不同来源、不同系统的数据整合为一个统一的视图或数据存储的过程。这样的整合可以使企业更全面、准确地理解其数据，并支持更有效的决策制定和业务运营。

2. 数据集成的目的

统一视图：将散乱的数据整合为一个统一的视图，使业务用户能够更容易地理解和访问数据。

减少数据孤岛：解决不同系统和应用之间数据隔离的问题，避免信息割裂，提高信息流动性。

支持决策：为决策者提供一致、可信赖的数据，帮助他们做出更明智的决策。

提高效率：企业通过自动化、标准化的数据集成过程，降低人工干预，提高数据处理效率。

（二）数据集成的挑战

1. 多样化的数据源

企业使用多种不同的应用和系统，这些系统可能采用不同的数据格式、结构和标准。将这些多样化的数据源整合成一个一致的视图是一个复杂的挑战。

2. 数据质量和一致性

数据质量是数据集成中的一个关键问题。不同系统中的数据可能存在重复、不完整或错误的情况，这会影响整个集成系统的准确性和可靠性。

3. 实时性要求

某些业务场景要求实时的数据集成，以确保决策者能够基于最新的数据做出决策。实时性要求提高了集成系统的复杂性和挑战性。

4. 安全性和隐私性考虑

在整合不同数据源的同时，必须考虑数据的安全性和隐私保护，确保只有授权用户能够访问敏感信息，同时遵守相关的法规和法律。

（三）数据集成方法

1. 批处理数据集成

批处理是最传统的数据集成方法，它通过定期执行大量数据的抽取、转换和加载（ETL）过程来实现。这样的数据集成通常在夜间或非高峰时段运行，确保不会对业务操作产生太大的影响。批处理适用于对数据实时性要求不高的场景，且处理较大数据量时效率较高。

2. 实时数据集成

与批处理不同，实时数据集成是在数据产生的同时进行处理，从而确保系统中的数据是最新的。这种方法通过采用流处理技术，将数据以连续的流的形式传输、处理和加载。实时数据集成适用于对数据实时性要求较高的场景，如金融交易、在线购物等。

3. 数据虚拟化

数据虚拟化是一种将数据的访问和集成抽象为一个虚拟层的方法。通过数据虚拟化，用户无须关心数据存储的具体位置和格式，可以直接访问一个逻辑的、统一的数据视图。这种方法降低了对数据物理位置的依赖，提高了数据的灵活性和可维护性。

4.API 集成

API（应用程序接口）集成是通过使用应用程序提供的 API 来实现不同系统之间的数据传输和交互。这种方法适用于那些支持 API 的应用程序，通过调用 API，系统可以直接获取所需的数据。

（四）数据编制效率的提升

1. 自动化数据处理

引入自动化技术，如自动化脚本、工作流程等，可以加速数据的抽取、转换和加载过程。自动化能够降低人工干预，提高数据处理的效率和准确性。

2. 数据质量管理

实施数据质量管理措施，包括数据清洗、去重、验证等，可以提高数据的一致性和准确性。建立数据质量监控机制，可以及时发现并解决数据质量问题。

3. 并行处理和分布式计算

采用并行处理和分布式计算技术，可以同时处理多个数据任务，提高整体的数据编制效率。这种方法适用于大规模数据集成和处理的场景。

4. 数据集成平台的使用

选择和使用先进的数据集成平台，如 Apache NiFi、Talend、Informatica 等，这些平台提供了丰富的工具和功能，可以简化数据集成的流程，提高效率和灵活性。这些平台通常具有友好的用户界面、强大的数据转换和清洗功能，同时支持多种数据源和目标。

5. 数据仓库和数据湖的构建

构建数据仓库和数据湖是提高数据编制效率的有效手段。数据仓库提供了一个集中存储和管理数据的平台，使得数据更易于访问和分析。数据湖则更注重对原始数据的存储，为数据科学家和分析师提供更灵活的数据探索和挖掘的空间。通过合理构建数据仓库和数据湖，可以优化数据的组织结构，提高数据集成和编制的效率。

6. 数据标准化和元数据管理

标准化数据格式和定义一致的元数据，可以简化数据集成的过程。定义统一的数据模型和元数据标准，可以确保不同系统中的数据语义一致。这有助于减少数据转换的复杂性，提高数据编制的效率。

7. 投资培训和技术更新

投资在员工培训和技术更新上，使其了解最新的数据集成工具和技术。培训可以提高员工对数据集成平台的熟悉程度，使其能够更高效地进行数据处理。同时，关注并应用最新的数据集成技术和最佳实践，有助于提升整体的数据编制效率。

（五）持续优化和监控

数据集成并非一次性任务，而是一个持续进行的过程。因此，持续优化和监控是确保数据集成效率的关键。通过定期的性能监控和评估发现并解决潜在的问题。同时，应根据业务需求和数据变化进行及时的调整和优化，确保数据集成系统能够始终保持高效稳定的状态。

数据集成是企业数据管理中的重要环节，其直接影响着企业对数据的理解、分析和决策。随着企业规模的扩大和数据复杂性的增加，提升数据集成效率变得尤为关键。采用合适的数据集成方法，结合自动化技术、数据质量管理、并行处理等手段，能够有效应对数据集成的挑战，提高整体的数据编制效率。持续关注并应用最新的数据集成技术，以及不断进行优化和监控，将有助于确保企业能够充分利用数据资源，推动业务的创新和发展。未来，随着技术的不断演进，数据集成将继续发挥重要作用，为企业提供更强大的数据支持。

三、信息化对工程造价准确性的影响

随着信息化技术的迅速发展，工程领域也逐渐实现了数字化、自动化和网络化，这对工程造价的准确性提出了新的挑战和机遇。信息化对工程造价准确性的影响涉及多个方面，包括数据的获取、处理、分析、决策等环节。

（一）信息化在工程造价中的应用

1. 数据采集与管理

信息化技术使得工程项目中各类数据的采集更加高效和精准。传感器技术、物联网设备等的应用，可以实时获取施工现场的数据，包括人工、材料、设备的使用情况、工程进度等。这为工程造价提供了更为精细的数据基础，有助于准确把握项目的实际情况。

信息化还改变了工程数据的管理方式。采用数据库、云存储等技术，可以将海量的数据进行结构化存储，方便后续的检索、分析和应用。这种数据管理方式有助于避免信息孤岛，提高数据的可访问性和可用性。

2. 成本估算与预测

在工程项目的前期阶段，成本估算是至关重要的一环。信息化技术使得成本估算更为科学和准确。通过历史数据的分析、模型算法的应用，可以更准确地预测项目的成本，考虑到不同因素的影响，从而为项目的决策提供更为可靠的依据。

3. 实时监控与调整

信息化技术实现了对工程项目的实时监控。通过传感器、监控摄像头等设备，可以实时获取工程现场的数据。这有助于及时发现和解决问题，避免成本的不必要增加。例如，可以及时调整工程进度、优化资源配置，从而提高整体效益。

4. 数据分析与决策支持

信息化技术为工程造价提供了更强大的数据分析和决策支持能力。通过大数据分析、人工智能等技术，可以从庞大的数据中挖掘出潜在规律，提供更为精准的决策建议。这有助于项目管理者更全面、客观地了解项目状况，做出科学的决策，提高决策的准确性。

（二）信息化对工程造价准确性的影响

1. 数据的准确性和实时性

信息化技术提高了工程数据的准确性和实时性。传感器、监控设备等实时采集的数据可以在瞬间传输至数据中心，无须人工手动录入。这避免了由于手动操作引起的错误，保障了数据的精准性。同时，实时获取的数据使得工程造价能够更及时地反映项目的实际情况，有助于更快速地做出决策和调整。

2. 成本估算的科学性

信息化技术提升了成本估算的科学性。采用数据分析、模型算法等技术，可以更全面地考虑到各种因素对成本的影响。历史数据的积累和分析，使得成本估算更有依据，减少了估算的主观性、提高了准确性。

3. 实时监控和风险控制

信息化技术的实时监控功能有助于风险的早期发现和控制。通过对工程项目各项数据的实时监测，可以及时察觉潜在风险因素，采取相应的措施进行控制。这有助于避免成本的不必要增加，提高工程的整体效益。

4. 数据分析对决策的支持

信息化技术为工程造价决策提供了更精准的支持。数据分析和人工智能技术可以深入挖掘庞大的数据，找出其中的关联性和规律，为决策者提供更为全面的信息。这有助于减少决策的盲目性，提高决策的科学性和准确性。

（三）信息化带来的优势

1. 提高效率

信息化技术使得工程造价的数据获取、处理和分析更加高效。传感器、监控设备的应用使得数据的采集实时化，避免了烦琐的手动操作。自动化的数据处理和分析工具提高了工作效率，减少了人为错误。

2. 降低人为干预

传统的工程造价往往需要大量的人工干预，包括数据的手动录入、分析和决策。信息化技术的应用降低了对人为干预的依赖。自动化的数据采集和处理过程减少了人工操作的烦琐性，避免了人为错误和主观判断对造价准确性的影响。这使工程造价更加可靠和精准。

3. 提升数据精准性

信息化技术的应用提升了工程造价数据的精准性。实时监控和自动化数据采集减少了数据误差的可能性。同时，数据分析技术的使用使得对大量数据的准确分析成为可能，项目管理团队能更全面、客观地了解工程项目的实际状况。

4. 提高决策的科学性

信息化技术为工程造价的决策提供了更科学、客观的依据。数据分析和人工智能技术使决策者能够更全面地了解项目的各项指标，从而做出更符合实际情况的决策。这有助于降低决策的风险，提高决策的准确性和科学性。

5. 实现项目的动态管理

传统的工程造价管理往往面临着项目信息更新不及时、静态管理的问题。信息化技术使得项目能够实现动态管理，即时获取施工现场的数据，实现实时监控和调整。这有助于项目管理团队更灵活地应对变化，及时调整资源、成本和进度，提高整体管理水平。

（四）挑战与应对策略

1. 数据质量管理

尽管信息化技术提高了数据的准确性，但数据质量仍然是一个需要重视的问题。错误的传感器数据、系统故障等都可能影响数据的质量。因此，建立健全的数据质量管理体系，包括数据清洗、验证、校准等环节，是提高信息化应用下工程造价准确性的必要手段。

2. 系统集成难题

在一个工程项目中，可能涉及多个系统和平台，各自的信息化系统存在集成的难题。系统集成的不顺畅可能导致信息的不同步，影响信息的准确性。因此，在信息化实施阶段，需要注重系统集成的设计和实施，确保各系统间能够有效协同工作。

3. 安全与隐私问题

随着信息化技术的应用，工程项目中涉及的大量数据可能包含敏感信息。数据泄露、信息安全等问题成为亟待应对的挑战。在信息化的实施中，需要强调数据的安全性和隐私保护，采取有效的措施防范潜在的安全风险。

4. 技术更新和培训

信息化技术的快速发展需要项目团队具备相应的技术水平。因此，持续的技术更新和员工培训是保持信息化系统高效运作的关键。及时了解和应用新技术，提高团队对信息化系统的熟悉程度，有助于更好地应对挑战。

信息化对工程造价准确性的影响是全方位的，涵盖了数据采集、成本估算、实时监控、决策支持等多个环节。通过信息化技术的应用，工程造价的数据获取更加高效、精准，决策更为科学、客观。信息化带来的优势包括提高效率、降低人为干预、提升数据精准性、提高决策科学性等。然而，信息化也面临着一系列挑战，如数据质量管理、系统集成、安全与隐私问题等。在应对这些挑战时，需要建立健全的管理体系，注重技术更新和培训，确保信息化系统的安全可靠运行。未来，随着信息化技术的不断发展，工程造价管理将迎来更多的创新和突破，为项目的成功实施提供更有力的支持。

第二节 招投标与合同管理的信息化实践

一、招投标信息化流程与规范

招投标是工程建设领域中一个至关重要的环节，涉及项目的选择、合同的签订以及合作伙伴的确定等方面。随着信息化技术的不断发展，招投标流程也逐渐实现了数字化、自动化和网络化，从而提高了效率、透明度和公平性。

（一）招投标信息化的优势

1. 提高效率

信息化流程能够显著提高招投标流程的效率。传统招投标可能涉及烦琐的文件传递、人工审核等环节，而信息化流程使得这些操作变得更加快捷、自动化。数字化文件的传递、在线审核等功能，大大减少了流程的时间和人力成本。

2. 增强透明度

信息化招投标流程使得整个过程更加透明。通过在线平台，招标方和投标方可以实时查看招标文件、报价情况、评标结果等信息，确保信息的公开、公平和透明。这有助于建立信任，降低不必要的争议。

3. 降低错误率

在传统招投标中，手工操作、文件传递等环节，容易发生信息错误或遗漏。信息化流程通过自动化、数字化的手段，降低了人为错误的可能性。系统能够对文件进行自动校验，确保信息的准确性。

4. 提升安全性

信息化流程提升了招投标信息的安全性。采用加密技术、权限管理等手段，确保招标文件、商业机密等敏感信息在传递和存储过程中的安全。这有助于防范信息的泄露和非法获取。

（二）招投标信息化流程

1. 招标方发布招标公告

信息化招投标流程的第一步是招标方发布招标公告。这可以通过在线招标平台、官方网站等途径实现。招标公告中包括项目的基本信息、招标条件、资格要求、截止时间等内容。

2. 投标方获取招标文件

投标方通过信息化平台获取招标文件。这可以通过在线下载、电子邮件发送等方式进行。招标文件包括项目的详细信息、技术规范、投标文件的准备要求等。

3. 投标方提交投标文件

投标方完成投标文件的准备后，通过信息化平台提交文件。这可以通过在线上传、电子邮件发送等方式实现。系统会自动记录投标的时间，确保在截止时间前完成。

4. 招标方开标和评标

招标方收到投标文件后进行开标和评标。信息化流程可以实现自动开标过程，确保此过程公正、公平。评标过程也通过系统进行，自动计算得分、生成评标报告，提高评标的效率和准确性。

5. 中标和合同签订

评标结束后，招标方确定中标方并进行通知。合同签订的过程也可以通过信息化平台完成，包括在线签署、合同文件的电子化存储等。

6. 项目执行和监控

招投标信息化流程的最后阶段是项目的执行和监控。通过系统实现项目进度、费用、质量等方面的实时监控。这有助于确保项目按照合同要求进行，及时发现并解决问题。

（三）招投标信息化的规范

1. 数据标准化

招投标信息化流程中，数据的标准化是确保信息准确传递的关键。招标文件、投标文件的格式、内容标准化，可以避免因为不同格式、不同解读而引起的错误。此外，数据标准化也有助于信息的统一管理和检索。

2. 安全与隐私保护

在信息化流程中，招标文件、商业机密等敏感信息需要得到有效的保护。采用加密技术、权限管理、身份验证等手段，确保信息在传递和存储过程中的安全。同时，建立相关的法规和规范，明确信息的保密要求。

3. 电子签名和认证

在招投标信息化流程中，电子签名和认证技术的应用能够确保文件的真实性和完整性。招标方、投标方的身份通过电子认证得以确认，电子签名则用于保证文件的不可篡改性，提高整个招投标流程的可信度。

4. 云计算和大数据分析

云计算技术的应用可以提供更大的存储和计算能力，确保招投标信息的高效处理。同时，大数据分析技术可以挖掘招投标信息中的潜在规律和趋势，为决策提供更为科学的依据。

5.法规与流程标准

招投标信息化流程需要建立与遵循相关的法规与流程标准。这包括明确招标文件的编制标准、投标文件的准备要求、评标标准等。建立合理的法规和流程标准有助于规范整个招投标过程，确保其公平、公正、合法进行。

6.智能化决策支持

引入人工智能技术，提供智能化的决策支持系统，能够在招投标流程中更加精准地进行数据分析和决策。这包括利用机器学习算法进行评标、自动化的投标文件分析等。智能化决策支持有助于提高招投标的效率和准确性。

（四）未来发展趋势

1.区块链技术的应用

区块链技术具有去中心化、不可篡改、透明等特点，有望被应用于招投标信息化流程中。通过区块链，可以建立一个不可篡改的信息链，确保招标文件、投标文件等信息的真实性和完整性，减少信息被篡改的风险。

2.5G技术的支持

5G技术的广泛应用将进一步提高信息化招投标流程的效率。高速、低延迟的网络连接使得数据传输更加迅速，同时支持更多复杂数据的实时处理，为在线招标、投标提供更好的技术支持。

3.数字化身份认证

随着数字化身份认证技术的不断发展，将更加方便、安全地实现招投标过程中各方身份的验证。采用数字化身份认证可以有效防范身份伪造、信息冒用等风险，提高整个招投标流程的可信度。

4.智能合同技术

智能合同技术基于区块链等技术，能够在合同签订和履行过程中实现自动化、不可篡改的执行。在招投标信息化流程中，引入智能合同技术可以提高合同签订的效率、减少争议的可能性。

5.数据分析与预测

未来的招投标信息化流程将更加依赖数据分析和预测技术。通过大数据分析、人工智能等技术，可以更全面地了解市场趋势、行业动态，为招标方和投标方提供更为准确的决策支持。

招投标信息化流程与规范在工程建设领域的推广应用，为招标方和投标方提供了更高效、透明、安全的招投标服务。通过标准化、数字化、智能化的手段，招投标过程的流程更加清晰、信息更加准确可靠。未来，随着区块链、5G、智能合同等技术的不断发展，招投标信息化流程将迎来更多创新和进步。建立规范、采用先进技术、提升智能化水平，将有助于推动招投标工作更好地服务于工程建设的需要，推动行业的可持续发展。

二、合同管理软件的应用与优化

合同是商业活动中不可或缺的一环，而合同管理则是确保合同有效执行和监控的关键步骤。随着信息化技术的迅猛发展，合同管理软件应运而生，为企业提供了更高效、透明、精确的合同管理解决方案。

（一）合同管理软件的重要性

1. 提高效率

传统的合同管理通常依赖于手工处理、纸质文件和电子表格，容易导致信息的丢失、传递的滞后，以及处理效率低下等问题；而合同管理软件通过自动化、数字化的方式，能够大大提高合同处理的效率。自动化流程、实时通知、在线协作等功能，使得合同的创建、审批、签署等环节更加迅速、顺畅。

2. 降低错误率

在传统合同管理中，手工录入、复制粘贴等操作容易引发错误，可能导致合同条款不准确、数据不一致等问题。合同管理软件通过规范化、标准化的数据输入，减少了人为错误的可能性。合同文件的自动化生成和版本控制，确保了合同信息的准确性和一致性。

3. 增强合规性

合同管理涉及复杂的法律和合规性要求。合同管理软件通过预设合规性规则、提供法律咨询工具等方式，帮助企业确保合同的合规性。自动提醒合同到期、监控合同执行进度等功能，有助于企业及时发现并解决潜在的合规性问题。

4. 提升透明度

合同管理软件为企业提供了实时的合同信息展示和查询功能。通过仪表板、报告等方式，管理层可以清晰地了解合同的执行情况、风险状况和合同价值。透明度的提升有助于企业做出更加明智的决策，更好地管理合同风险。

（二）合同管理软件的关键功能

1. 合同创建与模板管理

合同管理软件提供了合同创建的模块，支持用户通过模板快速生成合同。模板管理功能可以让企业事先设定标准化的合同模板，确保合同的一致性和合规性。这有助于提高合同的效率和准确性。

2. 自动化审批流程

合同管理软件的审批流程可以自动化合同的审批和签署过程。可通过设定审批规则、提醒机制，确保审批流程的顺畅和及时。自动流程还有助于减少人为介入，降低合同处理的时间和成本。

3. 合同执行监控

合同执行监控功能能够实时追踪合同的执行情况，包括合同履行进度、付款情况、履约义务的履行等方面。通过预警和报告功能，管理层能够及时了解合同执行中的问题，采取相应措施。

4. 合同变更管理

在商业环境中，合同变更是不可避免的。合同管理软件提供合同变更管理功能，帮助企业规范合同变更流程、记录变更历史，并及时更新合同文档。这有助于降低变更引起的风险，确保合同的合规性。

5. 合同文档存储与检索

合同管理软件提供安全、可靠的合同文档存储功能，支持电子文档的存储和检索。通过权限管理确保合同文档的安全性。快速检索和查看合同文档提高了信息的可访问性。

6. 报表和分析功能

合同管理软件的报表和分析功能能够为企业提供全面的合同数据报告，包括合同价值、合同到期情况、合同执行绩效等方面的报告。这有助于管理层更好地了解合同的整体状况，做出战略性决策。

（三）合同管理软件的优化策略

1. 与其他系统的集成

为了更好地服务于企业的整体运作，合同管理软件需要与其他企业系统进行集成，如财务系统、采购系统等。通过集成，合同管理软件能够更好地与企业的业务流程对接，确保合同管理与其他业务环节的协同性。

2. 用户培训与支持

合同管理软件的优化还需要考虑用户培训与支持。在引入新的合同管理软件时，必须确保用户了解如何正确使用系统。提供培训课程、用户手册以及在线支持渠道，以便用户能够熟练地使用合同管理软件。持续的支持和培训有助于减少用户操作错误，提高系统的有效利用率。

3. 数据质量管理

合同管理软件的数据质量直接影响着其应用效果。因此，企业需要建立健全的数据质量管理体系，包括数据清洗、验证、校准等环节，以确保合同信息的准确性和一致性。此外，定期对合同数据进行审查和更新，防止数据陈旧或失效。

4. 安全与隐私保护

由于合同管理软件涉及商业机密和敏感信息，安全与隐私保护至关重要。通过采用先进的安全技术，如数据加密、身份验证等，保护合同数据的安全性。同时，应建立相关的法规和规范，明确用户权限和隐私保护的要求。

5. 灵活的定制化

合同管理软件的优化需要考虑企业的个性化需求。软件应具备灵活的定制化功能，以适应不同企业的合同管理流程和规范。能够根据企业的特殊需求进行定制，使软件更贴近企业实际操作，提高用户满意度。

6. 持续改进与更新

合同管理软件的优化是一个不断改进的过程。软件提供商需要持续关注市场的发展、倾听用户的反馈，并及时进行软件的更新和升级。通过持续改进，保持软件与业界最新技术和最佳实践的接轨，确保软件在不同时期都能满足用户的需求。

（四）合同管理软件的挑战与应对策略

1. 数据安全和合规性

合同管理软件涉及大量敏感数据，如合同条款、商业机密等。因此，数据安全和合规性成为企业使用合同管理软件时面临的挑战。采用加密技术、权限管理、定期审计等手段，确保数据的安全性和合规性。

2. 用户接受度

引入合同管理软件可能会遇到用户接受度的问题。用户对新系统的接受程度和使用积极性直接影响着软件的效果。因此，在软件引入初期，需要进行充分的用户培训，提供及时的支持，并充分考虑用户体验，以提高用户接受度。

3. 集成复杂性

合同管理软件需要与其他企业系统进行集成，这可能涉及复杂的技术和业务流程。集成的复杂性可能导致数据不一致、信息传递不畅等问题。在引入合同管理软件时，需谨慎考虑集成方案，确保各系统能够有效协同工作。

4. 成本与投资回报

引入合同管理软件涉及一定的成本，包括软件购买费用、实施费用、培训成本等。企业需要权衡投资与回报，确保合同管理软件的使用能够为企业带来实际的效益，在引入前需进行充分的成本效益分析。

合同管理软件的应用与优化是企业信息化管理中的关键环节。通过提高效率、降低错误率、增强合规性和提升透明度，合同管理软件为企业带来了诸多好处。在优化合同管理软件时，需要考虑与其他系统的集成、用户培训与支持、数据质量管理、安全与隐私保护、灵活的定制化以及持续改进与更新等方面。而且，企业在使用合同管理软件时也面临着一系列挑战，如数据安全与合规性、用户接受度、集成复杂性、成本与投资回报等。通过综合考虑这些因素，企业可以更好地选择、应用和优化合同管理软件，提升合同管理水平，推动业务的可持续发展。

第三节　造价核算与结算的信息化支持

一、造价核算模型的信息化构建

造价核算在工程项目管理中占据着重要的地位，它涉及项目的成本估算、预算编制、成本控制等方面。随着信息化技术的不断发展，构建信息化的造价核算模型变得越发重要。

（一）构建信息化造价核算模型的目的

1. 提高效率

信息化造价核算模型的主要目的之一是提高工程项目核算效率。传统的手工核算过程烦琐且容易出错，而信息化模型可以通过自动化的方式加速核算流程，提高核算效率。

2. 提升准确性

信息化造价核算模型可以通过精确的数学计算和数据处理，提升核算结果的准确性。相比手工核算，信息化模型避免了人为因素的影响，减少了错误的可能性，确保了核算数据的可信度。

3. 实现数据共享与协同

信息化造价核算模型可以建立在网络平台上，实现多用户之间的数据共享与协同。项目团队的各个成员可以在同一系统中协同工作，实时查看和更新核算数据，提高了团队协作效率。

4. 支持决策分析

信息化造价核算模型还可以为项目管理决策提供更多的数据支持。通过数据分析、图表展示等功能，管理层可以更清晰地了解项目成本结构，从而做出更为明智的决策，优化项目的成本控制。

（二）构建信息化造价核算模型的关键步骤

1. 确定核算对象与范围

在构建信息化造价核算模型之前，首先需要明确核算的对象和范围。核算对象可能包括整个工程项目、特定工程阶段、单项工程等，核算范围则涉及具体的成本要素和费用项目。

2. 数据采集与整理

数据是信息化核算的基础，因此需要进行全面而准确的数据采集。这可能涉及工程图纸、设计文件、材料价格、劳动力成本等方面的信息。采集到的数据需要经过整理，以确保其质量和完整性。

3. 制定核算模型与算法

根据核算对象与范围以及采集到的数据，制定相应的核算模型与算法。核算模型应该能够涵盖项目的所有成本要素，包括直接成本、间接成本、管理费用等。算法则要符合项目的实际情况，能够准确计算各项费用。

4. 选择合适的信息化工具

在选择信息化工具时，需要考虑其是否符合核算模型的要求。一些专业的造价软件、电子表格工具或者自定义的数据库系统都可能成为构建信息化核算模型的工具。选择应根据项目的特点和需求来进行。

5. 系统开发与实施

如果选择自定义的信息化核算系统，需要进行系统开发与实施。这可能包括数据库设计、界面开发、算法实现等方面。在系统实施阶段，要确保系统的稳定性和用户友好性，进行培训以确保用户熟练使用。

6. 数据验证与调整

构建信息化核算模型后，需要对模型进行数据验证。通过与实际工程项目的核算结果进行比对，验证模型的准确性和可靠性。在验证的过程中，可能需要对模型进行调整和优化，以提高其预测和分析的精度。

（三）信息化造价核算模型的应用范围

1. 工程项目成本估算

信息化造价核算模型可以广泛应用于工程项目的成本估算。通过输入项目的基本信息、设计参数以及相应的成本要素，系统能够自动进行成本估算，提供合理的预算参考。

2. 项目进度成本控制

在工程项目进行的过程中，信息化造价核算模型可以用于实时监控项目的成本情况。通过对实际发生的费用进行记录与分析，可以及时发现成本超支、费用波动等问题，有利于及时采取措施进行成本控制。

3. 招投标报价支持

在工程招投标过程中，准确的成本估算是制定报价的关键。信息化造价核算模型能够为企业提供支持，通过灵活的估算模型，可以帮助企业制定出具有竞争力的报价，提高中标的机会。

4. 风险分析与预测

信息化造价核算模型还可以用于风险分析与预测。通过建立不同的成本场景和模拟不同的工程条件，系统可以帮助项目管理人员更好地了解潜在风险，并制定相应的风险应对策略。模型可以通过对不同成本要素、供应链变化等因素的敏感性分析，帮助项目管理人员更好地预测可能的风险，并提前采取措施进行风险管理。

5. 成本效益分析

在工程项目进行的过程中，成本效益分析是一个重要的决策工具。信息化造价核算模型可以为项目提供成本效益分析的支持，通过对不同方案、设计变更等因素进行模拟和分析，帮助项目管理人员选择最具成本效益的方案。

6. 项目决策支持

信息化造价核算模型还可用于项目决策支持。通过模型的运算和分析，可以为项目管理团队提供全面的数据支持，使其能够基于更准确的成本信息做出决策。这有助于提高决策的科学性和可行性。

（四）信息化造价核算模型的优势

1. 提高工作效率

信息化造价核算模型的自动化功能可以显著提高工作效率。相比传统手工核算，模型能够更快速地完成成本估算和核算过程，从而节省时间和人力资源。

2. 提高核算准确性

信息化造价核算模型的计算基于准确的数学模型和数据，减少了手工操作可能引入的错误。通过系统化的算法和精确的数据处理，模型能够提供更为准确的成本估算和核算结果。

3. 实现数据实时共享

信息化造价核算模型建立在网络平台上，支持多用户实时共享和协同工作。这有助于项目管理团队及时了解项目成本的变化，有效协同合作，提升团队的整体协同效能。

4. 提高决策的科学性

信息化造价核算模型提供了更多的数据支持，有助于项目管理人员做出更为科学和可靠的决策。通过模型的分析，管理层可以更清晰地了解项目的成本结构和影响因素，从而做出更明智的决策。

5. 支持风险管理

信息化造价核算模型通过风险分析和预测的功能，有助于项目管理人员更好地了解潜在的风险，并提前采取措施进行风险管理。这有助于降低项目风险，确保项目的顺利进行。

（五）面临的挑战与应对策略

1. 数据质量与准确性

信息化造价核算模型的准确性和可靠性依赖于输入数据的质量。因此，确保数据的准确性和完整性是一个重要的挑战。应建立数据采集和审核机制，确保数据的质量和真实性。

2. 成本估算不确定性

在工程项目中，成本估算往往受到不确定性的影响。信息化造价核算模型需要具备一定的灵活性，能够对不确定性进行处理。可通过采用敏感性分析、模拟和预测等手段，提高模型对不确定性的适应能力。

3. 系统集成复杂性

信息化造价核算模型通常需要与其他企业系统进行集成，这可能涉及不同系统的数据格式、接口兼容性等问题。在构建模型时，需考虑系统集成的复杂性，选择合适的集成方案，确保系统的协同工作。

4. 用户培训与接受度

引入信息化造价核算模型需要用户具备一定的信息技术能力，否则可能导致模型的使用难度较大，影响模型的效果。可通过提供系统培训、建立用户支持体系，增加用户的接受度和使用体验。

二、结算软件在工程管理中的应用

随着建筑工程日益复杂化和工程管理的不断发展，结算作为建筑工程管理的一个关键环节，其准确性和高效性对于项目的成功实施至关重要。结算软件作为一种信息化工具，在工程管理中得到了广泛应用。

（一）结算软件的基本功能

1. 成本核算与计量

结算软件的基本功能之一是成本核算与计量。通过结算软件，项目管理人员可以根据工程项目的设计图纸、施工计划以及实际工程进度，对工程成本进行精准核算。软件能够自动进行工程量的计量，包括土方、砌体、混凝土、钢筋等各项工程量的计算，从而得到准确的成本数据。

2. 合同与支付管理

结算软件支持合同与支付的管理。通过输入合同条款、支付计划等信息，软件可以自动生成合同金额、支付进度、尾款等相关数据。这有助于项目管理人员及时了解合同履行情况，确保支付的及时性和准确性。

3. 项目报表与数据分析

结算软件能够生成各种形式的项目报表，包括成本分析报表、支付进度报表、工程量清单等。通过数据分析功能，项目管理人员可以清晰地了解项目的财务状况、成本结构，以进行对比分析，帮助管理层做出科学决策。

4. 文件管理与归档

结算软件通常具备文件管理与归档功能，可以方便地存储和管理合同文件、支付凭证、核算报表等相关文档。通过系统化的文件管理，不仅减少了纸质文件的使用，还确保了文件的安全性和可追溯性。

5. 多方协同与审批流程

结算涉及多方的协同工作，包括项目管理、财务审批等多个环节。结算软件支持多方协同作业，建立合理的审批流程。这有助于提高结算工作的效率，减少信息传递的滞后，从而确保相关方能够及时参与和审批项目。

（二）结算软件的优势

1. 提高结算效率

结算软件的自动化计算功能可以大大提高结算效率。相比传统的手工计算，软件能够更快速地完成工程量的计量和成本的核算，减少人为错误，提高结算工作的准确性和效率。

2. 提高结算准确性

通过对工程量的自动计量和成本的系统化核算，结算软件减少了手工计算可能带来的错误。软件能够确保结算数据的准确性，降低了因人为因素导致的结算错误的风险，为项目提供了可信赖的财务数据。

3.实现数据实时共享

结算软件建立在网络平台上，支持多用户实时共享和协同工作。项目管理团队的各个成员可以在同一系统中实时查看和更新结算数据，有利于团队协作，提高工作的整体协同效能。

4.提高管理决策的科学性

结算软件生成的各种报表和数据分析，为管理层提供了科学决策的依据。通过对成本、支付、工程量等数据的清晰呈现，管理层能够更好地了解项目的财务状况，做出明智的决策，优化项目管理流程。

5.降低纸质文档管理成本

传统的结算管理往往伴随着大量的纸质文件，包括合同文档、支付凭证等。结算软件通过电子化的方式降低了纸质文档的管理成本，提高了文件的安全性和可追溯性。

（三）结算软件的应用场景

1.工程项目结算

结算软件主要应用于工程项目结算。通过输入项目的设计图纸、施工计划、实际工程进度等信息，软件能够对工程量进行准确计量，实现成本的精确核算。这有助于确保项目结算的准确性和及时性。

2.合同履行监控

结算软件在合同履行监控方面也有广泛应用。通过对合同条款的输入和核算数据的实时更新，软件可以帮助项目管理人员及时了解合同的履行情况，确保合同的有效履行。

3.财务决策支持

结算软件生成的各类报表和数据分析，为企业的财务决策提供了支持。通过对成本、支付、预算等数据的全面分析，管理层可以更好地了解企业的财务状况，制定更科学的财务决策战略，优化经营管理，提高企业的盈利能力。

4.项目支付管理

结算软件在项目支付管理方面发挥了重要作用。通过输入支付计划和实际支付数据，软件能够生成支付进度、尾款等相关信息。这有助于项目管理人员确保支付的及时性和准确性，避免了因支付问题导致的项目延误。

5.数据分析与优化

结算软件通过生成各类报表和数据分析，可以帮助项目管理人员进行数据驱动的决策。通过对成本、工程量、支付等数据的深度分析，管理层可以及时发现潜在问题，从而制定相应的优化策略，提升项目管理水平。

6. 招投标报价支持

在工程招投标过程中，结算软件可以发挥支持作用。通过软件的成本核算功能，企业可以更准确地进行项目成本估算，从而制定具有竞争力的招投标报价，提高中标的机会。

（四）结算软件面临的挑战与应对策略

1. 数据安全与隐私保护

结算软件涉及大量的项目成本和支付数据，因此数据安全与隐私保护成为一个重要的挑战。应采用先进的加密技术、权限管理等手段，以确保结算软件对敏感数据的安全性，建立相关的法规和规范以规范数据的使用和存储。

2. 用户培训与接受度

结算软件的使用需要用户具备一定的信息技术能力，而一些项目管理人员可能对新技术的接受度有限。因此，用户培训成为一个关键问题。软件提供商应提供全面的培训计划，包括使用教程、培训课程等，以提高用户的技术能力和接受度。

3. 系统集成复杂性

结算软件通常需要与其他企业系统进行集成，如财务系统、项目管理系统等。系统集成的复杂性可能导致数据一致性、接口兼容性等问题。软件提供商应提供灵活的集成方案，确保结算软件能够与其他系统协同工作。

4. 数据质量管理

结算软件的数据质量直接关系着结算结果的准确性。在数据采集和整理阶段，需要建立健全的数据质量管理体系，包括数据清洗、验证、校准等环节，以确保结算软件的数据质量。

5. 成本与投资回报

引入结算软件涉及一定的成本，包括软件购买费用、实施费用、培训成本等。企业需要权衡投资与回报，进行充分的成本效益分析。软件提供商可以提供灵活的许可模式，满足不同企业的需求，提高软件的成本效益。

（五）结算软件的发展趋势

1. 人工智能与大数据应用

未来，结算软件有望融合人工智能和大数据技术。通过人工智能算法，软件可以更好地分析项目成本数据，发现潜在的规律和趋势。大数据技术可以处理更大规模的项目数据，提供更全面的数据支持。

2. 区块链技术的应用

区块链技术具有去中心化、不可篡改、透明等特点，有望应用于结算软件中。通过区块链技术，可以建立一个不可篡改的结算数据链，确保结算数据的真实性和完整性，增强软件的可信度。

3. 移动化与云计算

未来，结算软件可能会更加移动化，支持在移动设备上进行实时的结算管理。同时，云计算技术的应用将为软件提供更强大的计算和存储能力，提高软件的处理效率和灵活性。

4. 智能化决策支持

随着人工智能的发展，未来的结算软件有望提供更智能化的决策支持。通过模型的运算和分析，软件可以为项目管理团队提供更全面、更准确的数据支持，帮助管理层做出更科学的决策。

结算软件在工程管理中扮演着至关重要的角色，通过提供自动化的成本核算、合同管理、数据分析等功能，有效提高了结算工作的效率和准确性。然而，结算软件在应用过程中仍面临着一系列挑战，如数据安全与隐私保护、用户培训与接受度、系统集成复杂性等。通过采用先进的技术手段、提高数据质量管理水平、加强用户培训，灵活处理系统集成等措施，可以有效应对这些挑战。

第四章　财务管理与资金监控的信息化应用

一、财务管理体系与规范

财务管理体系是一个组织内部用来管理和控制财务活动的系统。它通过规范化、标准化的方法，确保财务活动的合规性、透明性和有效性。财务管理规范是财务管理体系的具体指导性文件，为组织内部财务管理提供详细的操作规范。

（一）财务管理体系的重要性

1. 内部控制与风险管理

财务管理体系有助于建立健全的内部控制机制。通过规范化的财务流程和制度，可以有效监控和控制财务活动，减少潜在的错误和失误。同时，财务管理体系也有助于进行风险评估和管理，提高组织对财务风险的防范和应对能力。

2. 财务透明度与信任建立

财务管理体系的建立促进了财务透明度。通过规范的财务报告和信息披露，组织向内外部各利益相关方展示了其财务状况和经营业绩，增强了投资者、合作伙伴和员工对组织的信任感。透明度的提高也有助于构建良好的企业形象。

3. 提高决策效率

财务管理体系为组织提供了准确、及时的财务信息，有助于管理层做出科学决策。通过规范的财务分析和报告，管理层可以更好地了解组织的财务状况，制定合理的财务战略和决策，提高决策的效率和准确性。

4. 合规性与法律风险防范

财务管理体系的建立有助于确保组织的财务活动合规。通过遵循相关法规和规范，规范财务操作，降低法律风险。对于一些受监管行业，财务管理体系更是强制性的要求，组织需要符合特定的法规和标准，以防范潜在的法律风险。

（二）财务管理体系的基本构成

1.财务政策与制度

财务管理体系的基础是财务政策与制度的建立。财务政策是组织内部对财务管理方针的规定，包括财务目标、资源配置、投资决策等。财务制度是具体的操作规程，涵盖了会计制度、财务报告制度、成本管理制度等。

2.财务流程与流程控制

财务管理体系通过规范财务流程，确保财务活动的有序进行，包括财务的核算、报告、决策等方面的流程。流程控制则是在流程中设置各种控制环节，如审批制度、对账制度，以确保财务活动的合规性和准确性。

3.财务报告与信息披露

财务管理体系规范了财务报告和信息披露的内容和要求。财务报告包括资产负债表、利润表、现金流量表等，通过这些报告，组织向内外部各方传递其财务状况和经营绩效。信息披露则是在合规的前提下向各方公开关键财务信息。

4.内部审计与监控

内部审计是财务管理体系中的重要环节。它通过独立的审计程序，对组织的财务活动进行审查和评估，确保财务管理体系的有效性和合规性。监控是通过实时数据监测和异常预警，及时发现和纠正潜在问题。

5.财务培训与沟通

财务管理体系要求组织建立完善的财务培训与沟通机制。财务培训是为组织内部的财务人员提供必要的培训，确保其熟练掌握相关财务制度和流程。沟通则是促使组织各部门和员工了解和遵循财务政策和制度，以共同维护财务管理体系的有效运作。

（三）财务管理体系的实施步骤

1.制定财务政策与制度

财务管理体系的建立首先需要明确组织的财务政策与制度。财务政策应与组织整体战略相一致，包括财务目标、资源配置原则、风险管理方针等。财务制度则是在政策指导下，规范具体的财务操作。

2.设计财务流程与流程控制

明确了财务政策与制度后，接下来需要设计财务流程与流程控制。财务流程要包括从财务核算、报告到决策的全过程，同时设置各个环节的流程控制措施，以确保财务活动的合规性和准确性。

3. 制定财务报告与信息披露规范

财务报告与信息披露规范是财务管理体系的重要组成部分。规范要明确财务报告的编制要求、报告周期、披露的内容及标准，同时也需要考虑合规性和透明度的要求，确保披露信息能够真实、全面地反映组织的财务状况。

4. 建立内部审计与监控机制

内部审计是确保财务管理体系有效性的关键环节。建立内部审计机制，包括制订审计计划、实施审计程序、发现问题并提出改进建议。监控机制则通过信息系统等手段，实现对财务活动的实时监控和异常预警。

5. 实施财务培训与沟通计划

财务管理体系的实施需要财务人员具备相应的知识和技能。因此，应制订财务培训计划，为财务人员提供相关培训。同时，通过定期组织会议、内部通知等形式，进行财务政策和制度的沟通，以确保各个部门和人员了解和遵循财务管理规范。

6. 定期评估与持续改进

财务管理体系的建立是一个动态过程。组织应定期对财务管理体系进行评估，检查其有效性和合规性。评估结果可作为持续改进的依据，应根据评估结果调整和完善财务政策、制度、流程等方面的规范。

（四）未来发展趋势

1. 技术与数字化

未来，随着科技的不断发展，财务管理体系将更加数字化。借助先进的信息技术，组织可以实现对财务数据的实时采集、处理和分析。区块链、人工智能等技术的应用也将提高财务管理的效率和准确性。

2. 网络化与云计算

网络化和云计算的普及将促使财务管理体系更加便捷。组织可以通过云端服务实现财务信息的安全存储和共享，多地点协同工作更加方便。同时，云计算技术提供了更灵活的计算和存储能力，可适应不同规模组织的需求。

3. 数据分析与大数据应用

未来的财务管理体系将更加注重数据分析和大数据应用。通过对海量数据的分析，组织可以发现潜在的财务规律和趋势，为决策提供更科学的支持。大数据技术的应用也将推动财务管理的智能化发展。

4. 环境、社会和治理（ESG）的整合

随着环境、社会和治理理念的普及，未来的财务管理体系将更加关注组织的社会责任和可持续发展。财务报告中将更全面地反映组织的ESG绩效，为投资者、员工和社会各界提供更全面的信息。

5. 全球财务标准的趋同

全球化发展的趋势将推动全球财务标准的趋同。国际财务报告准则（IFRS）的普及和采用将使各国财务管理体系更加接轨，为国际企业的财务活动提供更一致的标准和规范。

二、项目财务信息化的战略地位

在当今信息时代，企业在提高竞争力、降低成本、提升效率方面，不可避免地面临着信息化的要求。项目财务信息化作为企业信息化的一个关键领域，对于项目管理和财务管理的协同与优化发挥着至关重要的作用。

（一）项目财务信息化的定义

项目财务信息化是指运用信息技术手段对项目管理和财务管理过程进行优化和整合，通过数字化、自动化的手段，实现项目成本核算、资金管理、财务决策等方面的高效协同。项目财务信息化可将项目管理与财务管理有机结合，通过信息系统实现财务数据的采集、处理、分析和报告，提高财务活动的效率和准确性。

（二）项目财务信息化的作用

1. 提升财务管理效率

项目财务信息化通过自动化的数据处理和报告生成，减少了传统手工操作的时间和错误。财务人员可以更专注于财务分析、决策制定等高附加值的工作，提升了整体财务管理的效率。

2. 优化项目成本控制

项目财务信息化使成本核算更加准确、及时。通过数字化的手段，可以实时追踪和分析项目的各项成本，及早发现潜在问题并采取有效措施，从而更好地控制项目成本。

3. 实现财务与项目管理的协同

传统上，财务管理和项目管理往往是两个独立的业务领域。项目财务信息化实现了二者的协同，将项目执行和财务数据紧密结合，使得财务人员能够更好地理解项目执行情况，同时项目管理人员也能更直观地了解财务状况。

4. 提高决策的科学性

项目财务信息化通过提供准确、全面的财务数据，为管理层提供了科学决策的支持。管理层可以更好地了解项目的财务状况，基于数据进行决策，降低了决策的盲目性，提高了企业的决策质量。

5. 强化内部控制和合规性

项目财务信息化有助于建立更强大的内部控制机制。通过系统设定审批流程、权限管理等控制措施，有效地减少了潜在的风险。同时，规范的数字化操作也有助于企业更好地遵守法规和合规性要求。

（三）项目财务信息化的关键特点

1. 数据集成与共享

项目财务信息化的一个关键特点是实现了不同业务系统之间的数据集成与共享。通过集成各个环节的数据，实现了项目与财务数据的高效流转，避免了数据孤岛和信息割裂。

2. 自动化数据处理

传统的手工财务操作往往烦琐且容易出错。项目财务信息化通过自动化的数据处理，减少了人工干预，降低了错误发生的概率。这有助于提高数据的准确性和可靠性。

3. 实时监控与报告

项目财务信息化支持实时监控项目和财务数据的变化。管理层可以随时获取最新的财务信息，及时做出决策。同时，系统能够生成实时的财务报告，为决策提供科学依据。

4. 多维度的数据分析

传统的财务管理往往只关注财务报表的编制，而项目财务信息化更注重多维度的数据分析。通过对项目成本、资金流向、收支状况等多方面数据的深度分析，有助于更好地了解企业的运营状况。

5. 移动化支持

随着移动技术的普及，项目财务信息化也开始注重移动端的支持。通过移动端应用，项目管理人员和财务人员可以随时随地访问到项目和财务数据，实现移动化的管理与决策。

（四）项目财务信息化的实施策略

1. 制定明确的信息化战略

在实施项目财务信息化之前，企业需要制定明确的信息化战略，包括信息化的目标、范围、时间表等。这有助于全面理解信息化的重要性，明确实施方向。

2. 选择适合的信息系统

选择适合企业需求的信息系统是项目财务信息化的关键一步。企业需要根据自身业务特点和规模，选择功能完善、灵活性强、易于集成的信息系统。这包括财务管理系统、项目管理系统等。

3. 确保数据的准确性与一致性

数据是项目财务信息化的核心，因此必须确保数据的准确性和一致性。在数据的采集、处理、存储的各个环节都需要建立有效的控制机制，防止数据错误和不一致的问题。

4. 进行全员培训与推广

项目财务信息化的成功实施离不开全员的积极参与。因此，在引入新系统前，需要对相关人员进行全面的培训，包括系统的使用方法、操作流程、数据输入等方面，确保所有相关人员能够顺利适应新的信息化环境。

5. 制定变更管理策略

项目财务信息化涉及组织内部的各种业务流程和工作习惯的改变，因此需要制定变更管理策略。这包括引入变更管理的流程、及时收集和反馈用户的需求，确保变更的合理性和顺利性。

6. 强化安全管理

随着信息化的发展，数据的安全性越发受到关注。企业在实施项目财务信息化时，需要采取一系列安全措施，如建立完善的权限控制、数据加密、定期的安全审计等，以保障信息的安全。

7. 进行系统的监测和评估

项目财务信息化的实施并非一劳永逸，还需要进行系统的监测和评估。通过制订定期的监测计划，及时发现和解决系统运行中的问题，保障信息系统持续稳定运行。

（五）项目财务信息化的未来发展趋势

1. 人工智能与大数据应用

未来，项目财务信息化将更多地融合人工智能和大数据技术。通过人工智能算法的运用，系统可以更精准地进行数据分析和预测，为企业提供更科学的决策支持。大数据技术也能够处理更庞大的财务数据，提供更全面的数据支持。

2. 区块链技术的应用

区块链技术的应用将进一步提升项目财务信息化的安全性和透明度。通过区块链的不可篡改性和去中心化特点，可以建立一个可信赖的财务信息存储和交流平台，减少数据的篡改和造假。

3. 移动化与云计算

未来，项目财务信息化将更加移动化，支持在移动设备上实时进行项目和财务管理。云计算技术的应用将为企业提供更强大的计算和存储能力，同时提高系统的灵活性和可扩展性。

4.智能化决策支持

随着智能化技术的不断发展，未来的项目财务信息化将更注重提供智能化的决策支持。通过引入智能算法，系统能够根据历史数据和实时情况，为管理层提供更准确、更及时的决策建议。

5.环境、社会和治理（ESG）的整合

未来，项目财务信息化将更加关注企业的环境、社会和治理层面。财务系统将更全面地反映企业在可持续发展方面的表现，为利益相关方提供更详尽的 ESG 信息。

项目财务信息化在企业管理中的战略地位不断凸显，其作用不仅仅在于提高财务管理的效率和准确性，更在于实现项目管理与财务管理的协同。企业在实施项目财务信息化时，需制定明确的信息化战略，选择适合的信息系统，确保数据的准确性和一致性。同时，随着技术的发展，未来项目财务信息化将更加智能化、移动化，并融合更多先进技术，为企业提供更全面、高效的管理支持。

第二节　预算编制与执行的信息化支持

一、预算信息化的整合与优化

随着企业经营环境的不断变化和发展，预算管理作为企业管理中的重要环节越发凸显其作用。预算信息化是通过应用信息技术手段对预算制定、执行和监控等环节进行优化和整合，以提高预算管理的效率、准确性和灵活性。

（一）预算信息化的重要性

1.提高预算编制的效率

传统的预算编制往往依赖烦琐的手工操作，费时费力。预算信息化通过数字化、自动化的手段，使得数据的收集、处理、分析更加高效，提高了整个预算编制过程的效率。

2.增强预算执行的实时性

企业在日常运营中需要不断调整预算以适应市场变化。预算信息化使得企业能够实时监控预算执行情况，及时发现偏差，并调整预算方案，提高了对市场变化的适应性和灵活性。

3.改善预算监控的精准性

通过预算信息化，企业可以对各个部门和项目进行更精准的监控。实时的数据分析和监控系统使得管理层能够更全面地了解业务运营状况，及时采取措施，降低了潜在的风险。

4.加强预算与业务的一体化

传统上，预算与业务管理往往是分离的。预算信息化使得预算与业务的关联更为紧密，能够更好地支持业务发展战略，提高了预算的战略性和前瞻性。

（二）预算信息化的整合与优化的关键特点

1.数据集成与共享

预算信息化的整合与优化首先体现在对数据的集成与共享上。各个部门和业务单元的数据能够在一个系统中实现集成，实现了信息的统一管理和流通，避免了数据孤岛的问题。

2.自动化的预算流程

传统的预算流程往往需要手工操作，容易出现错误且周期长。优化后的预算信息化引入自动化流程，从预算的制定、审核、执行到监控等环节均实现了自动化，提高了预算流程的效率。

3.实时监控与反馈

整合优化后的预算信息化系统能够实现对业务的实时监控。通过实时的数据分析和反馈，管理层能够更及时地了解业务状况，制定相应的决策，增加了对市场变化的敏感性。

4.多维度的数据分析

预算信息化不仅仅关注预算总体情况，更注重多维度的数据分析。通过对各个部门、项目、产品线等方面的数据分析，更好地支持战略决策，提高了预算的精准性。

5.移动化支持

整合优化的预算信息化系统需要支持移动端应用。管理层和决策者可以通过移动设备随时随地访问预算相关信息，提高了决策的及时性和灵活性。

（三）预算信息化的实施策略

1.制定明确的预算信息化战略

在实施预算信息化之前，企业需要制定明确的战略，包括信息化的目标、范围、时间表等。这有助于全面理解信息化的重要性，明确实施方向。

2. 选择适合的信息系统

选择适合企业需求的信息系统是预算信息化的关键一步。企业需要根据自身业务特点和规模，选择功能完善、灵活性强、易于集成的信息系统。这包括预算管理系统、财务管理系统等。

3. 强化团队培训

预算信息化的成功实施离不开员工的积极参与和合作。因此，企业需要通过培训来提升员工的信息化素养，确保员工能够熟练使用新的信息系统，并更好地融入新的预算管理体系中。

4. 渐进式实施

预算信息化的实施过程可以采用渐进的方式。从一个小范围的项目开始，逐步扩大到整个组织。这样有助于降低实施的风险，减少员工的抵触情绪，使得整个过程更为顺利。

5. 制定合理的数据安全措施

由于涉及企业的敏感数据，预算信息化的实施需要制定合理的数据安全措施，以确保信息的安全性和完整性。这包括对数据的备份、权限管理、加密传输等手段。

（四）预算信息化的未来发展趋势

1. 人工智能与大数据的应用

未来，预算信息化将更加注重人工智能（AI）和大数据的应用。通过 AI 技术，系统可以更智能地进行数据分析和预测，提供更准确的预算建议。大数据的应用将使系统能够处理更庞大的数据集，挖掘更深层次的业务信息，为决策提供更全面的支持。

2. 区块链技术的应用

区块链技术的兴起也将影响到预算信息化的发展。区块链的去中心化、不可篡改的特性可以增强预算数据的透明度和安全性。在预算执行和监控方面，区块链技术的应用将使整个过程更加可信赖，减少潜在的欺诈和错误。

3. 智能化的预算建模

未来的预算信息化系统将更加注重智能化的预算建模。通过引入机器学习和数据挖掘技术，系统可以更好地分析历史数据，识别潜在的业务趋势，为预算的合理性提供更科学的支持。智能化的预算建模也将更好地适应不断变化的市场环境。

4. 可视化分析工具的普及

可视化分析工具的普及将成为预算信息化的一个发展趋势。这些工具可以通过图表、报表等形式，直观地展示预算数据，使管理层更容易理解和分析业务状况。可视化分析工具的应用将提高决策的效率和准确性。

5.持续优化的管理体系

未来，企业将更加注重建立持续优化的预算信息化管理体系。这需要不断地对信息系统进行更新和升级、引入新技术，以适应业务的发展和变化。持续优化的管理体系将使企业能够更好地应对竞争压力和市场变化。

预算信息化作为企业管理的重要组成部分，不仅提高了预算管理的效率和精准性，更促进了财务管理与业务管理的一体化。通过整合与优化，预算信息化系统使得数据集成、自动化的预算流程、实时监控等特点得以实现。未来，随着人工智能、大数据、区块链等新兴技术的不断发展，预算信息化将呈现出更加智能、高效、安全的趋势。企业应在实施预算信息化的过程中，制定明确的战略、选择适合的信息系统、加强团队培训、渐进式实施、制定合理的数据安全措施，以适应未来发展的挑战和机遇。通过不断创新和优化，预算信息化将成为企业管理中不可或缺的支持系统，为企业的可持续发展提供有力支持。

二、预算执行软件在财务管理中的应用

预算执行是财务管理中的一个关键环节，它涉及实际业务运营与预算计划之间的对比和调整。随着信息技术的不断发展，预算执行软件应运而生，为企业提供了更加智能、高效、精准的预算执行管理工具。

（一）预算执行软件的定义

预算执行软件是一种基于信息技术的工具，旨在帮助企业实现预算计划的有效执行、监控和调整。这类软件通常与企业的财务系统、ERP 系统等集成，通过数据采集、分析和报告，帮助企业管理层全面了解业务活动的财务状况，及时发现和纠正预算偏差，以达到更好的财务管理效果。

（二）预算执行软件的功能特点

1.实时数据采集与整合

预算执行软件具有实时数据采集与整合的功能。它能够自动地从不同业务部门和系统中获取实际财务数据，并将这些数据整合到一个中心化的平台上，确保数据的准确性和一致性。

2.预算与实际对比分析

核心功能之一是对比分析预算与实际执行情况。预算执行软件能够将预算计划与实际财务数据进行比较，分析偏差的原因，为管理层提供全面的业务洞察，帮助其更好地制定决策和调整业务策略。

3. 预警与异常处理

预算执行软件能够设定预警机制，及时发现潜在的预算偏差和异常情况。一旦发现异常，系统会自动发出警报并提供详细的异常信息，帮助管理层迅速采取应对措施，避免财务风险的扩大。

4. 业务智能分析

这类软件通常配备了强大的业务智能分析工具，能够为企业提供多维度、多角度的数据分析功能。通过可视化的报表和图表，管理层能够更容易地理解财务数据，从而做出更加科学的决策。

5. 自动化报告生成

预算执行软件支持自动化报告生成，能够根据设定的频率和格式自动生成财务报告。这可以大大减少财务人员手工制作报告的工作量，提高报告的准确性和及时性。

（三）预算执行软件在财务管理中的优势

1. 提高执行效率

预算执行软件的自动化特点能够大大提高财务执行的效率。通过实时数据采集、整合和分析，减少了手工操作的烦琐，使得财务流程的执行更加迅速和高效。

2. 实现预算精准控制

预算执行软件通过对比分析预算与实际数据，能够更准确地掌握业务状况。管理层可以更精准地调整预算计划，及时发现并解决问题，从而实现对业务的精准控制。

3. 降低错误风险

传统的手工预算执行容易出现数据输入错误等问题。预算执行软件通过自动化的数据采集和整合，降低了数据错误的风险，提高了财务数据的准确性。

4. 增强决策支持

预算执行软件提供了多维度的业务智能分析，使得管理层能够更深入地了解业务运营情况。这为决策者提供了更全面、科学的数据支持，有助于其做出更明智的决策。

5. 促进企业敏捷性

由于预算执行软件的实时性和灵活性，企业可以更迅速地响应市场变化。管理层能够通过系统实时监控业务状况，及时调整预算和业务策略，提高了企业的敏捷性。

（四）预算执行软件的实施策略

1. 制订明确的实施计划

在引入预算执行软件之前,企业需要制订明确的实施计划。这包括确定实施的目标、范围、时间表等。

2. 选择适合的软件系统

选择适合企业需求的预算执行软件系统至关重要。企业需要根据自身的业务特点、规模和需求，选择功能完善、易于集成的软件系统。在选择之前，建议进行充分的市场调研和系统测试。

3. 定期更新与维护

预算执行软件的更新与维护是保障系统稳定运行的关键。企业需要建立定期的更新与维护机制，及时安装软件的最新版本，修复可能存在的 bug，以确保系统能够始终处于良好的运行状态。

4. 与财务流程的整合

预算执行软件通常需要与企业的财务流程、ERP 系统等进行整合。在实施过程中，要确保软件与现有系统的良好兼容性，避免出现数据冲突和操作不便的情况。整合的过程也需要进行充分的测试和调整。

（五）预算执行软件在未来的发展趋势

1. 智能化的数据分析

未来，预算执行软件将更加注重智能化的数据分析。通过引入机器学习和人工智能技术，软件可以更智能地分析和预测业务数据，为管理层提供更具深度和准确性的决策支持。

2. 移动化应用的普及

随着移动技术的不断发展，预算执行软件将更加注重移动化应用。管理层和决策者可以通过移动设备随时随地访问实时的财务数据和预算执行情况，提高决策的时效性和灵活性。

3. 区块链技术的应用

区块链技术的兴起也将对预算执行软件产生影响。区块链的去中心化和不可篡改性质，可以增强预算数据的透明度和安全性，为财务数据的执行提供更可信赖的基础。

4. 与其他管理系统的融合

未来的发展趋势将更加强调不同管理系统之间的融合。预算执行软件将更加紧密地与财务管理系统、ERP 系统、业务智能系统等相互融合，形成一个全面的企业管理体系。

5. 数据隐私和安全保护

随着数据泄露和隐私保护的法规越来越严格，未来的预算执行软件将更加关注数据隐私和安全保护。软件开发商将采取更严密的技术手段来确保用户数据的安全性，以适应法规的要求。

第三节　资金监控与管理的信息化工具

一、资金监控系统的构建与优化

资金在企业运营中具有至关重要的地位，其有效的监控和管理对于企业的稳健运营和发展至关重要。资金监控系统作为企业财务管理的一部分，通过信息技术的应用，能够更加精确、实时地监控资金流向，降低风险，提高企业的资金运作效率。

（一）资金监控系统的定义

资金监控系统是一种基于信息技术的系统，旨在帮助企业对资金的流入、流出、使用进行实时监控、分析和报告。这种系统通常与企业的财务系统、银行系统等进行集成，通过数字化手段对资金的情况进行全面管理，为企业提供决策支持。

（二）资金监控系统的功能特点

1. 资金流动追踪

资金监控系统能够实时追踪企业内外的资金流动情况。通过对银行账户、支付平台、现金流等数据的监测，系统可以准确地记录每一笔资金的出入，实现对资金流向的全面追踪。

2. 风险预警与控制

系统具备风险预警功能，能够监测异常的资金流动，发现可能的风险和问题。一旦发现异常，系统会发出警报并采取相应的控制措施，帮助企业及时应对潜在的财务风险。

3. 资金使用计划

资金监控系统支持资金使用计划的设定与管理。企业可以制订详细的资金预算和计划，系统通过实时监控和对比分析，帮助企业了解实际执行情况，确保资金的有效利用。

4. 报表与分析

资金监控系统提供多维度的报表和分析工具，使得企业管理层能够更全面地了解资金的使用情况。通过图表、报表等可视化手段，系统帮助管理层更好地进行决策分析。

5. 银行对账自动化

系统支持银行对账的自动化处理能够自动匹配企业账户与银行账单，避免了手工对账的烦琐性，降低了错误率。这有助于提高对账的准确性和效率。

（三）资金监控系统在财务管理中的优势

1. 实时性与准确性

资金监控系统能够实时追踪资金流动，保证企业对资金状况的了解是及时而准确的。这有助于管理层迅速做出决策，以应对市场的变化。

2. 风险防控与提高反应速度

通过风险预警功能，资金监控系统能够及时发现潜在的风险。管理层可以在问题发生前做好预防和应对，提高企业对市场变化的反应速度。

3. 资金利用效率提升

资金监控系统支持资金使用计划的设定，帮助企业更加有效地规划和利用资金。这有助于提升资金的利用效率，降低资金成本。

4. 数据分析与决策支持

系统提供的多维度报表和分析工具使得管理层可以更全面地了解资金的使用情况。这为决策提供了科学的依据，有助于企业制定更合理的财务战略。

5. 自动化与效率提升

系统支持银行对账的自动化处理减少了手工对账的时间和错误率，提高了对账的效率。这有助于企业更加专注于核心业务。

（四）资金监控系统的构建与优化实施策略

1. 强化团队培训

资金监控系统的成功实施离不开用户的积极参与和合作。因此，企业需要通过培训来提升员工的系统使用能力，确保员工能够熟练使用新的系统。

2. 数据安全措施

由于涉及企业的敏感财务数据，系统的构建需要制定合理的数据安全措施，包括数据加密、权限管理、访问控制等。这有助于确保资金监控系统中的数据安全性和完整性。

3. 渐进式实施

构建和优化资金监控系统，可以采用渐进式的实施方式。从一个小范围或一个具体业务场景开始，逐步扩大系统的应用范围。这样可以降低实施的风险，使员工更容易适应新的系统。

4. 定期系统优化

资金监控系统的构建和优化是一个持续的过程。企业应该定期评估系统的性能，收集用户反馈，及时进行优化和升级。这有助于确保系统始终保持高效、稳定和符合业务需求。

（五）资金监控系统的未来发展趋势

1. 区块链技术的应用

未来，随着区块链技术的发展，资金监控系统可能会引入区块链技术，以提高资金流动的透明度和安全性。区块链的不可篡改性和去中心化特点可以增强系统对资金流向的可信度。

2. 人工智能和大数据的应用

人工智能和大数据技术将进一步提升资金监控系统的智能化和分析能力。通过对大量历史数据的分析，系统可以更准确地预测未来资金流动趋势，并为企业提供更智能的决策支持。

3. 移动化和云服务的普及

随着移动化和云服务的普及，资金监控系统将更加注重移动端应用和云端服务。管理层可以通过移动设备随时随地监控资金状况，云服务也使得系统更加灵活和易于管理。

4. 生态系统的建设

未来资金监控系统可能会更加注重构建财务生态系统。与其他企业管理系统（如ERP、CRM 等）的集成，有助于形成全面的企业管理生态系统，实现不同系统之间的数据共享和协同。

5. 智能合约的运用

智能合约是区块链技术的一项重要应用，未来资金监控系统可能引入智能合约，通过自动化的智能合约执行，实现对特定资金流动的智能监控和管理。

资金监控系统的构建与优化是企业财务管理中不可忽视的一环。通过定义系统的功能特点、优势，制定实施策略，并考察未来发展趋势，企业可以更好地选择、构建和优化资金监控系统。系统的实施不仅可以提高对资金流动的实时性、准确性和控制力，而且有助于提高企业的决策效率和运营效益。未来，资金监控系统将继续受益于新兴技术的发展，不断迭代和优化，为企业提供更智能、高效、安全的资金管理解决方案。

二、移动支付与资金信息化的整合

随着移动支付的迅速发展，企业在日常运营中越来越多地采用移动支付作为支付工具。同时，资金信息化的整合也成为财务管理中的重要议题。

（一）移动支付与资金信息化的定义

1.移动支付

移动支付是指通过移动终端（如手机、平板等）进行的支付行为。用户可以利用移动支付应用完成线上或线下的支付交易，不再依赖传统的纸质货币或银行卡。

2.资金信息化

资金信息化是指通过信息技术手段对企业的资金进行管理、监控和决策的过程。这包括对资金流向、账户信息、支付记录等数据进行数字化处理和分析。

（二）移动支付与资金信息化整合的必要性

1.提升支付效率

移动支付的快捷、便利性提升了支付的效率。通过将移动支付与资金信息化整合，可以实现支付过程的数字化记录，提高支付的准确性和效率。

2.实现资金的实时监控

资金信息化的整合可以实现对企业资金的实时监控。通过移动支付的数据与财务系统的整合，企业可以实时了解资金的流动状况，及时调整财务策略。

3.降低错误风险

传统支付方式可能存在手工输入错误的风险，而移动支付通过数字化处理减少了人为因素，降低了支付过程中的错误风险。整合资金信息化可以帮助财务进一步减少错误。

4.改善数据准确性

整合移动支付和资金信息化可以提高数据的准确性。支付数据直接传输到财务系统，减少了手工录入的环节，降低了数据错误的概率，提高了财务数据的准确性。

（三）移动支付与资金信息化整合的方式

1.数据接口对接

一种常见的整合方式是通过数据接口对接。移动支付平台与企业财务系统建立数据通道，将支付数据实时传输到财务系统，实现支付信息的自动录入。

2.二维码结合财务系统标识

移动支付通常采用二维码进行支付。通过在二维码中嵌入财务系统标识信息，可以在用户支付时直接关联到企业财务系统，实现支付数据的关联。

3.使用企业级支付工具

一些企业级支付工具已经整合了财务管理功能，可以直接连接到企业财务系统。企业可以选择采用这类支付工具，实现移动支付与财务信息的一体化管理。

4. 制定支付标准和规范

为确保移动支付与资金信息化的整合能够顺利进行，企业需要制定支付标准和规范，以确保整合的顺利进行。这包括支付流程、数据格式、接口要求等方面的规定。

（四）移动支付与资金信息化整合的优势

1. 实现数字化支付

整合移动支付与资金信息化可以实现数字化支付，将支付过程从纸质、手工的形式转变为数字化的形式，提高支付的便捷性和效率。

2. 提高支付透明度

移动支付与资金信息化整合可以提高支付的透明度。企业管理层可以通过财务系统实时查看支付数据，了解资金的使用情况，提高对企业财务的掌控力。

3. 加强风险控制

整合后的系统可以通过监控移动支付数据，及时发现异常情况并进行风险控制。这有助于降低潜在的支付风险，提高企业资金管理的稳健性。

4. 降低支付成本

移动支付的数字化处理可以减少人力成本和错误率，提高支付效率。整合后，企业可以更加高效地进行支付处理，降低支付的整体成本。

5. 支持智能财务决策

整合后的数据可以用于财务智能分析，为企业提供更全面、深入的数据支持。这有助于企业制定更科学的财务决策，提高财务管理的智能化水平。

（五）移动支付与资金信息化整合的实施策略

1. 制订明确的整合计划

在实施整合之前，企业需要制订明确的整合计划，包括整合的范围、时间表、人员培训等方面。这有助于确保整个整合过程的有序进行。

2. 选择适合的整合方式

企业需要根据自身的业务特点和需求选择适合的整合方式。是采用数据接口对接还是使用企业级支付工具，需要根据实际情况进行权衡和选择。

3. 强化数据安全措施

由于涉及支付信息和财务数据，整合过程中需要加强数据安全措施，包括数据加密、访问权限控制、支付信息的匿名处理等，以确保整合后的系统安全可靠。

4. 进行员工培训

在整合移动支付与资金信息化的过程中，企业需要进行员工培训，提高员工对新系统的使用熟练度。这有助于确保整合后的系统能够得到充分的应用和支持。

5.定期进行系统维护和更新

整合后的系统需要定期进行维护和更新，以确保系统的稳定性和安全性。通过及时处理系统漏洞、更新支付标准等，保障整合系统的顺利运行。

第五章 合同管理与供应链的信息化创新

一、电子合同在建设项目中的应用

随着信息技术的飞速发展，电子合同作为一种数字化的合同形式，逐渐在各个行业得到广泛应用，其中建设项目领域也不例外。电子合同的应用为建设项目带来了便利、高效、安全等诸多优势。

（一）电子合同的定义

电子合同是指通过电子手段生成、传递、存储和管理的合同文件。相较于传统的纸质合同，电子合同以数字形式存在，通过密码学、数字签名等技术手段保障合同的真实性、完整性和不可抵赖性。

（二）电子合同在建设项目中的优势

1. 简化流程与高效性

电子合同的签署和执行可以在数字环境中完成，无须纸张、传真和邮寄等传统手段，从而简化了合同流程。这种高效性对于建设项目中复杂的合同流程尤为重要，可以提高合同签署的速度，减少烦琐的手续。

2. 节约成本

电子合同不仅减少了纸质文档的使用，还省去了邮寄、传真等物理流程，从而减少了相关的物流成本。同时，数字签名技术能够降低合同的管理和存储成本，对于建设项目的成本控制具有积极的意义。

3. 提高安全性

电子合同利用密码学、数字签名等技术手段，保障了合同的真实性、完整性和不可抵赖性。这种高度的安全性有助于防范合同造假、篡改等风险，提升了建设项目的合同管理水平。

4. 便于追溯和管理

电子合同的存储是数字化的，便于建设项目管理者进行追溯和管理。合同的修改、审批、执行等环节的操作都能够留下数字记录，方便随时查阅，有助于提升项目管理的透明度和合规性。

5. 环保可持续

电子合同的应用有助于减少纸张的使用，降低对自然资源的依赖，符合现代社会对于环保和可持续发展的要求。这也是电子合同在建设项目中推广的一个重要动力。

（三）电子合同在建设项目中的应用场景

1. 合同的起草与签署

建设项目中，合同的起草和签署是一个常见而烦琐的过程。电子合同可以通过数字化手段完成合同的起草、修改和签署，极大地简化了流程，提高了效率。

2. 合同的审批流程

在建设项目中，涉及多方合作和多级审批的情况较为普遍。电子合同可以通过数字化的审批流程，实现合同的多级审批，确保合同的合规性和安全性。

3. 合同的执行和监控

电子合同在执行阶段同样发挥着重要作用。合同执行过程中的相关文件、支付记录等可以通过电子形式进行存档和监控，方便项目管理者实时了解项目进展。

4. 合同的变更管理

在建设项目中，由于各种原因，合同可能需要进行变更。电子合同通过数字记录的方式，便于管理者了解变更的历史，同时也可以通过数字签名等手段确保变更的合法性。

（四）电子合同在建设项目中的实施策略

1. 制定明确的电子合同政策

在实施电子合同时，建设项目企业需要制定明确的电子合同政策，包括合同的电子化程度、安全控制、合同管理平台的选择等方面。这有助于确保电子合同的规范化应用。

2. 选择合适的电子合同平台

选择合适的电子合同平台是实施的关键一步。企业需要根据自身的需求和规模选择功能完善、安全性高的电子合同平台，并进行充分的培训和测试。

3. 推动员工培训

员工对于新技术的接受程度和使用熟练度直接影响到电子合同的实施效果。企业需要推动相关员工接受培训，提高其对电子合同平台的使用技能。

4. 加强数据安全措施

由于电子合同涉及敏感的合同信息，企业需要加强数据安全措施，包括数据加密、权限管理、访问日志记录等，以确保电子合同的安全性。

（五）电子合同在建设项目中的未来发展趋势

1. 区块链技术的应用

区块链技术作为一种去中心化、不可篡改的技术手段，有望为电子合同提供更高水平的安全性和可信度。在未来建设项目中，区块链技术将更广泛地应用区块链技术，以进一步提升电子合同的安全性。

2. 智能合同的发展

智能合同是基于计算机程序代码执行的合同形式，能够自动执行合同条款。未来，建设项目中的电子合同将更加智能化，通过集成智能合同技术实现合同自动化执行，提高合同的执行效率和准确性。

3. 多模态合同

未来电子合同可能会进一步发展为多模态合同，结合文字、图像、音频、视频等多种形式的信息，使合同更加全面、直观，有助于提高合同交流的效果和效率。这对于建设项目中的合同管理具有重要意义。

4. 跨境电子合同标准的推动

随着国际贸易和合作的日益频繁，未来建设项目中的电子合同可能会更加注重跨境标准的推动。制定统一的跨境电子合同标准有助于提高合同的一致性和可操作性，降低合同跨境交流的障碍。

5. 法律法规的完善

随着电子合同的不断发展，相关的法律法规也将不断完善。未来，建设项目中对电子合同的法律认可度和法规支持将会进一步提升，从而为电子合同的广泛应用提供更为健全的法律基础。

电子合同作为一种数字化的合同形式，在建设项目中的应用正在逐渐深入。其在简化流程、节约成本、提高安全性、便于追溯和管理等方面展现出了明显的优势。在实施电子合同时，企业需要制定明确的政策、选择适合的平台、进行员工培训、加强数据安全措施，以确保电子合同的顺利应用。未来，随着技术的发展和法规的完善，电子合同在建设项目中的应用将迎来更加广阔的发展空间。同时，新技术的不断涌现，如区块链、智能合同等，将为电子合同带来更多创新和可能性，助力建设项目合同管理的现代化和智能化。

二、合同审批软件的选择与配置

随着企业规模的扩大和业务的复杂化，合同审批作为企业管理的一个重要环节变得越发烦琐和关键。为了提高审批效率、降低错误率、加强合同管理，许多企业开始引入合同审批软件。

（一）合同审批软件的选择标准

1.适应企业规模和业务需求

不同企业规模和业务需求对合同审批软件的要求不同。在选择软件时，需要考虑软件是否适应企业的规模和具体的业务流程，以确保软件能够有效满足企业的实际需求。

2.用户友好性

合同审批软件的用户友好性直接关系到软件的实际应用效果。选择软件时需要考虑软件界面是否清晰直观、操作是否简便，以便员工能够快速上手，提高审批效率。

3.安全性和合规性

合同审批涉及企业的重要信息，因此软件的安全性和合规性是选择的重要标准。软件应具备严格的权限控制、数据加密等安全机制，同时要符合相关法规和合规要求，避免法律风险。

4.灵活的定制和集成能力

不同企业有不同的合同审批流程和要求，因此软件应具备灵活的定制和配置功能，以适应企业的特定需求。同时，软件需要支持与其他系统的集成，确保信息的无缝流通。

5.报表和分析功能

合同审批软件应提供强大的报表和分析功能，帮助企业管理层了解合同审批的整体情况。这有助于制定合理的决策和战略，提高合同管理的智能化水平。

（二）合同审批软件的关键功能

1.合同的创建与起草

合同审批软件应支持合同的创建和起草功能，包括合同的基本信息、条款、附件等的录入和编辑。通过可视化的界面，员工可以轻松地完成合同的起草工作。

2.流程设计与配置

良好的流程设计和配置是合同审批软件的核心功能之一。软件应提供直观的流程设计工具，允许企业根据实际需要设计合同审批的流程，并进行灵活的配置。

3. 电子签名和批准

电子签名是提高合同审批效率的重要手段。合同审批软件应支持电子签名的集成，使得审批过程可以在数字环境中完成，提高了审批速度，减少了纸质合同的使用。

4. 提醒和通知机制

良好的提醒和通知机制有助于及时推动合同审批流程。软件应能够自动发送提醒和通知，包括合同的审批进度、待处理任务等，确保审批流程的顺利进行。

5. 数据安全和权限控制

合同涉及敏感信息，因此软件应提供强大的数据安全和权限控制功能。这包括对合同数据的加密、访问权限的分级控制，以及审批过程中的身份验证等机制。

6. 报表和分析功能

软件应提供丰富的报表和分析功能，帮助企业了解合同审批的整体状况，为管理层提供决策支持。这包括合同审批的数量、审批周期、异常情况等方面的数据报告。

（三）合同审批软件的配置步骤

1. 需求分析

在选择和配置合同审批软件之前，企业需要进行详细的需求分析，明确自身的审批流程、合同管理需求和系统集成要求。这有助于确定软件选择的标准和功能要求。

2. 选择合适的软件供应商

基于需求分析的结果，企业可以选择适合自身的合同审批软件供应商。在选择供应商时需要考虑其技术实力、服务支持、客户口碑等因素，确保选择到稳定可靠的合作伙伴。

3. 定制化配置

选定软件供应商后，企业需要进行定制化配置，以确保软件与企业的实际情况相匹配。这包括根据企业的实际需求对审批流程、界面风格、权限设置等进行个性化配置。

4. 数据迁移与集成

对于已有的合同数据，企业需要考虑数据的迁移和集成问题。合同审批软件应支持现有数据的导入，同时能够与企业已有的系统（如企业资源规划系统、财务系统等）进行有效集成。

5. 系统测试与优化

在完成配置后，企业需要进行系统测试，以确保合同审批软件的各项功能正常运作。测试过程中要重点关注合同创建、流程审批、数据安全等方面，发现问题应及时进行修复和优化。

6. 培训与推广

系统配置完成后，需要对相关人员进行培训，包括管理员、审批人员等。培训内容应涵盖软件的基本操作、流程规则、权限设置等，确保用户能够熟练使用合同审批软件。同时，通过内部推广活动，增加员工对新系统的认知度和接受度。

7. 持续改进与升级

合同审批软件是一个动态的系统，需要不断进行改进和升级，以适应企业业务的发展和变化。企业应与软件供应商保持密切合作，及时获取软件更新和升级信息，保持系统的安全性和稳定性。

（四）实施合同审批软件的策略

1. 制订明确的实施计划

在实施合同审批软件之前，企业需要制订明确的实施计划。计划应包括软件选择的时间表、配置和测试的阶段、培训和推广的计划等。这有助于提高实施的有序性和高效性。

2. 逐步推进，分阶段实施

合同审批软件的实施可以逐步推进，分阶段实施。可以选择先在某个部门或项目中试点，验证软件的适用性和稳定性，然后逐步扩大范围。这有助于减小实施的风险和压力。

3. 强化沟通与培训

在实施过程中，沟通与培训是至关重要的。企业需要通过多种渠道向员工传递关于合同审批软件的信息，解答疑问，确保员工对新系统的理解和认可。同时，加强培训，提高员工的使用熟练度。

4. 设立专门的管理团队

在实施阶段，可以设立专门的管理团队负责软件的实施和运维工作。该团队需要协调各部门之间的合作，及时解决实施中的问题，确保整个过程的平稳进行。

5. 收集反馈，及时调整

实施合同审批软件后，企业应及时收集用户的反馈意见，了解软件的使用体验和存在的问题。根据用户反馈，及时调整和优化软件的配置，确保软件的实际效果与预期目标相符。

第二节　合同履约与变更管理的信息化手段

一、合同履约监控与评估的信息化支持

合同履约监控与评估是企业合同管理的重要环节，它涉及对合同执行过程中的各种数据、进展、问题等信息进行全面的监控和评估。信息化支持在合同履约监控与评估中扮演着关键角色，能够提高效率、降低风险、加强决策。

（一）信息化支持的重要性

1. 实时监控合同执行情况

信息化支持能够实现对合同执行情况的实时监控。通过数字化的方式记录和汇总合同履约过程中的关键数据，企业管理层能够随时随地获取到实时的合同执行情况，及时发现并解决问题。

2. 提高数据准确性

信息化支持可以避免手工操作带来的数据错误和不准确性。在合同履约监控的过程中，通过信息化系统自动采集和记录数据，降低了人为录入错误的可能性，提高了数据的准确性。

3. 降低合同履约风险

信息化支持能够通过提前预警和风险识别，降低合同履约风险。系统能够监测合同执行过程中的异常情况，并在风险发生前提供及时的提醒，使企业有更多的机会采取措施避免潜在风险。

4. 加强决策依据

信息化支持产生的数据和报告为企业管理层提供了更为全面和准确的决策依据。通过分析合同履约的各项指标，管理层可以做出更明智的决策，提高对整体业务状况的了解。

5. 优化合作关系

信息化支持的合同履约监控还有助于优化企业与合作伙伴之间的合作关系。通过透明的数据展示，可以减少信息不对称，提高合作伙伴对企业的信任度，促进长期合作关系的建立。

（二）关键功能

1. 合同履约数据采集与存储

信息化支持需要具备合同履约数据的采集和存储功能。这包括合同的执行进展、支付情况、问题和风险等方面的数据，确保数据完整、及时、可追溯。

2. 实时监控与预警

系统应能够实时监控合同履约过程中的各项指标，并设定相应的预警机制。当发现合同执行过程中存在异常或潜在风险时，系统能够及时发出预警通知，以便管理层采取相应的措施。

3. 数据分析与报告生成

信息化支持需要提供强大的数据分析和报告生成功能。通过对合同履约数据的分析，生成可视化的报告，帮助管理层全面了解合同执行情况、发现问题和机会。

4. 问题解决与反馈机制

系统应设有问题解决与反馈机制，确保在合同执行中发现的问题能够得到及时解决。这包括问题的记录、分析、分配责任和跟踪解决进展等环节。

5. 合同履约绩效评估

信息化支持应能够对合同履约绩效进行评估。通过设定合同履约的关键绩效指标（KPIs），系统能够自动化地对合同执行的各个方面进行评估，为管理层提供绩效反馈。

（三）实施策略

1. 制订信息化战略规划

在实施合同履约监控与评估的信息化支持之前，企业需要制订清晰的信息化战略规划。这包括明确信息化的目标、需求分析、系统选择标准、实施计划等。

2. 选择合适的信息化系统

根据信息化战略规划，企业可以选择适合自身需求的合同履约监控与评估系统。选择系统时需要考虑系统的灵活性、定制性、易用性以及供应商的技术实力和服务支持。

3. 数据迁移与系统集成

在系统选择后，需要进行数据迁移和系统集成工作。将现有的合同履约数据导入新系统，并确保新系统能够与企业已有的其他系统（如 ERP 系统、财务系统等）有效集成。

4. 员工培训与推广

信息化系统的成功实施离不开员工的积极参与。企业需要进行员工培训，使其熟悉信息化系统的操作流程，提高使用效率。同时，需要进行系统推广，激发员工对信息化支持的认可和积极性。

5.持续优化与改进

信息化系统的实施并非一劳永逸，企业需要建立持续的优化与改进机制，以适应企业合同履约监控与评估需求的变化。这包括定期对系统进行更新、修复 bug、引入新的功能等。

6.强化数据安全措施

合同履约数据的安全性至关重要，因此在实施信息化支持时，企业需要强化数据安全措施，确保合同履约数据的机密性和完整性。这包括采用加密技术、建立严格的权限管理体系、定期进行安全审计等。

二、变更管理系统的构建与维护

变更管理是项目管理中至关重要的一环，它涉及对项目计划、范围、时间、成本等方面的任何变更进行规划、评估、审批和控制。为了有效地管理和跟踪这些变更，企业通常采用变更管理系统。

（一）变更管理系统的构建步骤

1.确定需求和目标

在构建变更管理系统之前，企业需要明确变更管理的需求和目标。这包括了解变更管理的具体流程、涉及的团队成员、系统的预期功能等。需求和目标的明确定义是系统构建的基础。

2.选择适当的技术平台

根据企业的需求和目标，选择适合的技术平台是构建变更管理系统的重要一步。考虑到系统的可扩展性、安全性、易用性等因素，选择合适的技术平台有助于确保系统的稳定运行和用户体验。

3.制定系统架构设计

在选择技术平台的基础上制定系统的架构设计。这包括确定系统的模块划分、数据存储结构、用户界面设计等方面。系统架构的设计应考虑到系统的可维护性和未来的可扩展性。

4.系统开发和编码

根据需求和系统架构设计进行系统的开发和编码工作。该阶段需要开发各个模块的功能，确保系统能够按照预期的方式运行。采用敏捷开发方法可以及时调整和优化系统。

5.测试和质量保证

系统开发完成后，进行全面的测试和质量保证，包括单元测试、集成测试、系统测试等，以确保系统的各项功能和性能都符合预期。在测试的过程中需要发现并修复潜在的问题。

6. 部署和上线

在测试和质量保证通过之后进行系统的部署和上线，确保系统在生产环境中能够稳定运行，同时进行监测和反馈，以便及时处理上线后出现的问题。

7. 培训和推广

在系统上线后进行用户培训和推广工作。培训用户熟悉系统的使用方法和功能，推广系统的优势和价值，以提高用户的接受度和使用率。

（二）变更管理系统的关键功能

1. 变更申请和登记

系统应提供用户提交变更申请的通道，并对申请进行登记。这包括申请人的基本信息、变更的详细描述、影响范围等内容。登记的信息有助于后续的审批和跟踪。

2. 变更评估和分析

对变更申请进行评估和分析是变更管理的核心环节。系统应能够自动或协助评估变更对项目计划、成本、资源等方面的影响，提供决策依据。

3. 变更审批和控制

系统需要设立变更审批的流程，确保每一项变更都经过适当层次的审批。审批的过程中需要对变更进行充分的讨论、分析，并确保相关人员对变更的影响有清晰的认识。

4. 变更实施和跟踪

一旦变更获得批准，系统需要支持变更的实施和跟踪。这包括实施计划的制订、资源的调配、变更的实际执行等。系统要能够跟踪变更的进度，以便及时发现和解决执行中的问题。

5. 变更关闭和总结

变更执行完毕后，系统应能够支持变更关闭和总结。这包括总结变更的执行效果、学习经验教训、记录变更的历史信息等。通过总结，有助于提高变更管理的水平。

6. 报告和分析功能

系统应提供丰富的报告和分析功能，帮助管理层全面了解变更管理的整体状况，为决策提供数据支持。这包括变更的数量、类型、执行效果、审批周期等方面的报告。

（三）变更管理系统的维护策略

1. 定期更新系统

变更管理系统作为一个关键的项目管理工具，需要定期更新以适应业务需求的变化和技术的发展。定期更新系统，可保持系统的稳定性和可用性。

2.数据备份和恢复

数据是变更管理系统中最重要的资产之一，因此需要建立定期的数据备份和恢复机制。在系统发生故障或数据丢失时，能够迅速恢复到最近的正常状态。

3.安全管理

变更管理系统涉及项目的敏感信息，因此安全管理至关重要。采用合适的安全措施，包括访问控制、身份验证、数据加密等，确保系统和数据的安全性。

4.用户培训和支持

随着业务的发展和系统功能的更新，用户可能需要不断学习和适应新的操作流程和功能。因此，需定期进行用户培训，提供系统使用的支持和帮助，确保用户能够充分利用系统的功能。

5.用户反馈和改进

建立用户反馈机制，及时收集用户的意见和建议。根据用户的反馈进行系统的改进和优化，以提高用户体验和系统的适用性。

6.监控和性能优化

持续监控系统的性能和运行状况，及时发现潜在问题并进行优化。这包括监测系统的响应时间、资源利用率、错误日志等，确保系统始终保持良好的性能。

7.适应业务变化

随着企业业务的变化，变更管理系统需要不断适应业务的新需求。根据业务变化更新系统的配置、流程和功能，确保系统能够与业务保持一致。

8.合规性和法律风险管理

定期审查和更新系统的合规性，确保系统符合相关法规和政策。对于可能涉及法律风险的变更，需要仔细评估和管理，以降低法律风险。

第三节　供应链管理的信息化应用

一、供应链信息化平台的建设

供应链信息化平台是指通过信息技术手段，对企业的供应链管理进行全面、集成的管理和优化。随着全球化和商业环境的不断变化，企业需要更加高效、灵活、可控的供应链管理。

（一）目的与意义

1.提升供应链协同能力

建设供应链信息化平台的主要目的之一是提升供应链各环节的协同能力。通过信息化平台，不同部门、企业甚至全球范围内的合作伙伴能够更加紧密地协同工作，实现信息的实时共享和流畅传递，提高整个供应链的协同效率。

2.优化供应链运作效率

供应链信息化平台可以帮助企业优化供应链的运作效率。通过自动化流程、实时监控和数据分析，企业能够更快速、准确地响应市场需求，降低库存水平，提高生产和配送的效率，从而降低整体运营成本。

3.提高供应链可视化管理水平

信息化平台为企业提供了更高水平的供应链可视化管理。企业可以通过平台直观地了解整个供应链的运作情况，包括库存水平、订单状态、生产进度等信息。这有助于管理层做出更明智的决策，并及时应对潜在问题。

4.增强风险管理和应对能力

供应链信息化平台的建设有助于增强企业的风险管理和应对能力。通过实时监控，企业能够及时发现潜在的供应链风险，包括供应商问题、物流延误等，从而采取及时的措施来降低风险。

（二）关键步骤

1.识别需求和目标

在建设供应链信息化平台之前，企业需要清晰地识别自身的需求和目标。这包括了解当前供应链管理存在的问题、未来发展的方向、期望实现的功能等。需求和目标的明确定义是平台建设的基础。

2.选择合适的技术和平台

根据需求和目标，选择合适的技术和平台是建设供应链信息化平台的重要一步。这可能涉及云计算、大数据、物联网等多种技术。选择合适的技术和平台有助于确保平台的性能、可扩展性和安全性。

3.数据整合和清洗

供应链信息化平台涉及大量的数据，包括订单信息、库存数据、生产计划等。在建设平台之前，需要进行数据整合和清洗，确保各个数据源能够无缝集成、数据的质量得到保障。

4. 制定信息流程和工作流程

建设信息化平台需要制定清晰的信息流程和工作流程，包括订单的流转、库存的管理、生产计划的制订等方面的流程设计。制定合理的流程有助于提高供应链的协同效率和运作效率。

5. 系统开发和集成

根据需求和设计进行系统的开发和集成工作。这可能涉及自主开发、定制开发或购买第三方系统进行集成。系统的开发和集成需要确保各个模块的功能协同一致。

6. 测试和优化

系统开发和集成完成后，进行全面的测试和优化，包括功能测试、性能测试、安全测试等，确保系统的稳定性和可靠性。测试过程中发现的问题需要及时修复和优化。

7. 培训和推广

在系统上线前，进行用户培训和推广工作，确保供应链相关人员熟悉系统的使用方法和操作流程。推广工作有助于提高用户的接受度，确保系统能够得到充分利用。

8. 上线和监测

系统经过测试和培训后，进行上线并进行监测。在监测的过程中，及时发现系统运行中的问题并解决。上线后还需要定期监测系统的性能，以确保系统始终保持良好的运行状态。

（三）供应链信息化平台的重要功能

1. 订单管理

供应链信息化平台应该能够支持订单的全生命周期管理，包括订单的生成、处理、跟踪、发货和结算等环节。通过订单管理，企业能够更加精准地满足客户需求，提高订单处理效率。

2. 库存管理

库存是供应链中重要的资产之一，信息化平台应该能够实现对库存的实时管理。这包括库存的监控、调配、报警等功能，以确保库存水平的合理和高效管理。通过库存管理，企业可以降低库存成本，提高资金利用率。

3. 采购管理

供应链信息化平台应支持采购管理，包括供应商选择、采购订单生成、交付跟踪等。通过对采购过程的信息化管理，企业可以更好地控制采购成本，提高采购的效率和透明度。

4. 供应商管理

建设信息化平台需要关注供应商管理，包括供应商评估、合作关系管理、供应商绩效评价等。通过对供应商的信息化管理，企业能够更好地选择合适的供应商，优化供应链合作关系，降低合作风险。

5.物流管理

物流是供应链中关键的环节之一，信息化平台应该能够支持物流管理，包括运输路线规划、货物跟踪、仓储管理等。通过物流管理，企业能够提高物流效率、降低物流成本、提升服务水平。

6.生产计划和调度

对生产计划和调度的信息化管理有助于提高生产效率和资源利用率。平台应该支持生产计划的制订、生产进度的跟踪、生产资源的调度等功能，以确保生产过程的顺利进行。

7.数据分析和报告

供应链信息化平台应该具备强大的数据分析和报告功能。通过对供应链数据的深度分析，企业可以发现潜在问题、优化流程，并为决策提供科学的依据。定期生成各类报告，可以帮助管理层全面了解供应链运作状况。

8.风险管理

信息化平台应该能够支持供应链的风险管理，包括对供应商风险、物流风险、市场风险等的识别和评估。通过风险管理，企业可以及时应对潜在的风险，提高供应链的稳定性。

二、供应链协同系统在建设项目中的作用

供应链协同系统作为一种信息化平台，对于建设项目的管理和执行具有重要的作用。建设项目涉及多方合作，包括设计、施工、供应商、监理等多个参与方，因此需要一个协同的平台来确保信息的共享性、沟通的高效性以及项目流程的顺畅性。

（一）供应链协同系统的功能

1.信息共享与透明

供应链协同系统能够实现项目各个参与方之间的信息共享与透明。通过统一的平台，设计、施工、供应商等各方可以实时共享项目进度、设计文件、材料清单等信息，消除信息孤岛，提高信息的透明度。

2.项目计划与进度管理

协同系统具有项目计划与进度管理的功能，能够帮助项目团队协同制订项目计划、监控项目进度，并及时发现和解决可能影响项目进度的问题。这有助于确保项目能够按时、按质完成。

3. 物资和资源管理

供应链协同系统对物资和资源的管理起到了关键作用。它可以帮助项目团队协同制订物资采购计划、库存管理策略，确保施工过程中所需的物资和资源得以及时供应，从而避免因物资不足而影响工程进度。

4. 沟通协调与问题解决

通过协同系统，项目参与方可以在一个平台上进行实时沟通，共同解决项目中遇到的问题。系统提供了在线讨论、留言板、通知等功能，使得沟通更加便捷，问题能够迅速得到解决，有助于减少误解和延误。

5. 质量管理与监督

协同系统也能够支持项目的质量管理与监督。参与方可以共同制定质量标准和验收标准，监督施工过程中的质量问题。通过系统记录施工过程中的质量数据，有助于提高工程的质量水平。

6. 成本控制与预算管理

协同系统通过集成成本控制与预算管理功能，有助于项目团队共同制定预算、监控成本，并随时调整预算方案。这使得项目的经济效益能够在一个可控的范围内，从而减少财务风险。

7. 风险管理与安全监测

协同系统在风险管理和安全监测方面发挥着积极作用。通过记录和分析项目中的潜在风险，以及制订相应的风险应对计划，可以提前预防和降低潜在的风险。同时，系统也能够监测工程安全情况，及时发现并解决安全隐患。

（二）供应链协同系统的优势

1. 提高协同效率

供应链协同系统能够提高建设项目各方之间的协同效率。通过实时共享信息、在线沟通、协同制订计划等功能，能够减少信息传递的时间，减少信息传递的误差，从而提高协同效率。

2. 降低沟通成本

传统的沟通方式可能需要大量的会议、电话沟通等，而供应链协同系统通过提供在线沟通平台，能够减少沟通的时间和成本。参与方可以随时随地通过系统进行沟通，不再受制于时间和地点。

3. 提高决策效率

协同系统可提供实时的项目数据和分析报告，有助于项目管理层迅速了解项目的整体状况。这使得决策者能够基于更准确的数据做出决策,提高了决策的效率和准确性。

4. 加强风险防范

通过协同系统对项目的风险进行监测和管理，可加强风险防范。及时发现潜在的风险因素，并制订相应的应对计划，有助于降低项目的风险水平。

5. 提高项目可控性

协同系统能够提高项目的可控性。通过对项目计划、成本、质量等方面的实时监测，能够及时发现和解决问题，确保项目按计划进行，从而提高项目的可控性。

（三）未来发展趋势

1. 智能化和数据分析

未来供应链协同系统可能会更加注重智能化和数据分析。通过引入人工智能和大数据技术，系统可以更精准地分析项目数据，提供预测性的决策支持。智能化的功能可能包括自动化的计划调整、风险预测和优化建议，这些可以提高整体决策效率。

2. 移动化支持

随着移动技术的不断发展，未来的供应链协同系统可能更加注重移动化支持。项目参与方可以通过移动设备随时随地访问系统、进行实时沟通、查看项目进展情况，提高了工作的灵活性和便捷性。

3. 区块链技术应用

区块链技术的去中心化和不可篡改的特性有望在供应链协同系统中得到应用。通过区块链技术，可以提高数据的安全性和可信度，确保各方之间的信息共享更加安全、可靠。

4. 云端服务和 SaaS 模式

未来供应链协同系统可能更多地采用云端服务和软件即服务（SaaS）模式。这将使系统更具灵活性和可扩展性，降低企业的 IT 基础设施成本，同时提供更便捷的升级和维护系统。

5. 生态系统建设

未来的发展趋势可能包括构建更完善的供应链协同生态系统。通过整合更多的产业链参与方，如物流公司、金融机构等，构建一个更广泛、更深入的合作体系，进一步提升供应链的协同效能。

第六章 风险管理与应急预案的信息化支持

第一节 风险识别与评估的信息化工具

一、风险信息化采集与分析

在项目管理和业务运营中，风险管理是确保项目和组织成功实现目标的关键因素之一。风险信息化采集与分析是将信息技术应用于风险管理过程的重要手段。通过信息化，组织可以更加及时、准确地识别、评估和应对各类风险。

（一）风险信息化的关键要素

1. 风险识别工具

风险信息化的第一步是识别潜在风险。风险识别工具可以通过各种途径收集信息，包括但不限于头脑风暴、专家意见、历史数据分析等。信息化的风险识别工具可以更加系统地收集、整理、分析潜在风险，帮助团队全面了解项目或业务面临的不确定性。

2. 数据集成平台

风险信息多个来源，包括项目计划、财务数据、市场变化等。一个高效的风险信息化系统需要具备数据集成的能力，能够将来自不同部门和系统的数据整合到一个平台上。数据集成平台有助于实现全局视野，确保风险信息的全面性和准确性。

3. 风险评估模型

风险信息化采集与分析需要基于科学的评估模型。这些模型可以是定量的，如对风险概率和影响的定量评估；也可以是定性的，如对风险的概括性描述。信息化系统应支持多种风险评估模型的应用，以适应不同类型和阶段的项目或业务。

4. 实时监测与报告工具

风险是动态变化的，需要实时监测和及时的报告机制。风险信息化系统应该具备实时监测的功能，能够及时捕捉到新的风险信息。同时，通过自动生成报告和可视化图表，系统可以向相关利益方传递清晰、直观的风险信息，帮助决策者更好地理解和应对风险。

（二）风险信息化的优势

1.提高信息的时效性

传统的风险管理往往依赖于手工收集和整理信息，导致信息的时效性不高；而风险信息化采集与分析通过自动化的数据收集和实时监测，可以提高信息的时效性，使团队更迅速地获取到最新的风险信息。

2.提高信息的准确性

信息化系统可以避免人为因素引入的误差，提高风险信息的准确性。通过数据集成和自动化的分析工具，可以确保风险信息的全面性和准确性，为决策提供可靠的数据支持。

3.提升决策效率

风险信息化系统能够在短时间内收集、整理大量的风险信息，为决策者提供全面的数据支持。通过实时监测和智能分析，系统可以帮助决策者更迅速、准确地做出决策，降低决策的时间成本。

4.支持团队协同

信息化系统可以将风险信息集中存储在同一个平台上，支持团队成员的协同工作。团队成员可以通过系统实时共享和更新风险信息，提高团队协同效能，确保整个团队对风险的一致认知。

（三）风险信息化采集与分析的实施步骤

1.制定风险管理策略

在实施风险信息化采集与分析之前，组织需要制定明确的风险管理策略。这包括确定风险管理的目标、范围、流程和相关责任人。制定清晰的策略有助于系统的有序实施。

2.选择合适的信息化工具

根据组织的实际需求和项目特点选择合适的风险信息化工具。这可能涉及风险管理软件、数据集成平台、监测与报告工具等多个方面。选择合适的工具是风险信息化系统成功实施的关键。

3.建立数据集成机制

确保系统可以顺利集成不同来源的数据。这可能涉及与其他系统的对接、数据标准的制定、数据质量的管理等方面。建立良好的数据集成机制有助于确保系统能够获取到全面和准确的风险信息，提高整体的信息化管理效能。

4. 设计风险评估模型

根据组织的需求和项目的特点设计适用的风险评估模型。这可能包括定量评估模型、定性评估模型或其组合。确保模型的科学性和实用性，能够有效地对各类风险进行评估。

5. 部署实时监测与报告工具

选择和配置实时监测与报告工具，确保系统能够及时捕捉到新的风险信息，并向相关人员提供及时的报告。这可能涉及设置监测指标、报告格式、预警机制等方面的工作。

6. 进行培训和沟通

在系统实施前，对团队成员进行培训，确保他们能够熟练使用风险信息化系统。同时，与团队进行有效的沟通，使团队了解风险信息化的目的、流程和预期效益。培训和沟通是系统成功实施的关键，能够提高团队的接受度和使用效果。

7. 建立反馈和改进机制

在系统正式投入使用后，建立反馈和改进机制。通过收集用户的反馈信息，及时发现系统存在的问题和不足之处，并进行调整和优化。建立持续改进的文化，以确保风险信息化系统能够不断适应组织和项目的变化。

（四）风险信息化采集与分析的挑战与应对

1. 数据质量和完整性

数据质量和完整性是风险信息化面临的主要挑战之一。不同数据源、不同部门的数据格式和标准可能存在差异，导致数据集成时出现问题。建立数据质量管理机制，确保数据的准确性和一致性，是应对这一挑战的有效手段。

2. 多样性的风险类型

项目或业务面临的风险类型多种多样，涉及技术、市场、政策等多个方面。面对不同类型的风险可能需要采用不同的评估方法和工具。在实施风险信息化时，需要考虑如何全面覆盖各类风险，确保系统的全面性和适用性。

3. 组织文化和人员素养

风险信息化的成功实施需要组织具备良好的信息化文化和团队成员具备必备的信息素养。如果组织文化不支持信息化，或者团队成员缺乏信息化工具的使用经验，可能会影响系统的应用效果。建立信息化文化，进行定期的培训和教育，是应对这一挑战的关键。

4. 技术更新和适应性

信息技术发展迅速，新的工具和技术不断涌现。系统可能需要不断更新和升级，以适应新的技术和业务需求。建立灵活的信息化架构，确保系统具有良好的适应性和扩展性，是应对技术更新带来的挑战的有效途径。

二、风险评估模型的信息化建构

风险评估是项目管理和业务决策中不可或缺的一环。信息化建构风险评估模型是利用先进的信息技术手段，使风险评估更加科学、准确和高效的过程。

（一）风险评估模型的关键要素

1. 风险识别工具

风险评估的第一步是识别潜在的风险。风险识别工具可以通过多种途径收集信息，包括头脑风暴、专家访谈、历史数据分析等。信息化建构的风险识别工具应当能够更加系统地收集、整理、分析潜在风险，以支持风险评估的后续工作。

2. 数据集成平台

风险评估涉及多个方面的数据，包括项目计划、财务数据、市场情报等。一个高效的风险评估信息化系统需要具备数据集成的能力，能够将来自不同部门和系统的数据整合到一个平台上。数据集成平台有助于确保风险评估的全面性和准确性。

3. 评估模型设计

评估模型是风险评估的核心，决定了评估的科学性和准确性。评估模型应当综合考虑不同风险因素的权重，采用合适的评估方法，包括定量评估和定性评估。信息化系统应当支持多种评估模型的灵活应用，以满足不同项目和业务的需求。

4. 实时监测与报告工具

风险是动态变化的，需要实时监测和及时的报告机制。风险评估信息化系统应当具备实时监测的功能，能够及时捕捉到新的风险信息。通过自动生成报告和可视化图表，系统可以向相关利益方传递清晰、直观的风险信息，帮助决策者更好地理解和应对风险。

（二）风险评估模型信息化的优势

1. 提高评估的时效性

传统的风险评估往往依赖于手工收集和整理信息，导致评估的时效性不高。风险评估模型信息化建构通过自动化的数据收集和实时监测，可以提高评估信息的时效性，使团队更迅速地获取到最新的风险信息。

2. 提高评估的准确性

信息化系统可以避免人为因素引入的误差，从而提高风险评估的准确性。通过数据集成和自动化的分析工具，可以确保评估信息的全面性和准确性，为决策提供可靠的数据支持。

3. 提升决策效率

风险评估信息化系统能够在短时间内收集、整理大量的风险信息，为决策者提供全面的数据支持。通过实时监测和智能分析，系统可以帮助决策者更迅速、更准确地做出决策，降低决策的时间成本。

4. 支持团队协同

信息化系统可以将风险评估信息集中存储在同一个平台上，支持团队成员的协同工作。团队成员可以通过系统实时共享和更新风险信息，提高团队协同效能，确保整个团队对风险的一致认知。

（三）风险评估模型信息化的实施步骤

1. 制定风险管理策略

在实施风险评估模型信息化建构之前，组织需要制定明确的风险管理策略。这包括确定风险评估的目标、范围、流程和相关责任人。制定清晰的策略有助于系统的有序实施。

2. 选择合适的信息化工具

根据组织的实际需求和项目特点选择合适的风险评估模型信息化工具。这可能涉及风险评估软件、数据集成平台、监测与报告工具等多个方面。选择合适的工具是风险评估模型信息化成功实施的关键。

3. 建立数据集成机制

确保系统可以顺利集成不同来源的数据。这可能涉及与其他系统的对接、数据标准的制定、数据质量的管理等方面。建立良好的数据集成机制有助于确保系统能够获取到全面和准确的评估信息，提高信息化系统的整体效能。

4. 设计评估模型

设计风险评估模型时，需要充分考虑组织的特点、项目的性质以及所需的评估深度。模型可以包括定量评估和定性评估两个层面，以更全面地考虑不同类型的风险。模型的设计应当具备灵活性，能够适应不同项目和业务需求。在此阶段，还需要明确评估的指标、权重和评分体系，确保评估过程科学、合理。

5. 部署实时监测与报告工具

选择和配置实时监测与报告工具，以确保系统能够及时捕捉到新的评估信息，并向相关人员提供及时的报告。这涉及设置监测指标、报告格式、预警机制等方面的工作。实时监测与报告工具的部署有助于风险评估信息的实时更新，提高决策者对风险状况的敏感性。

6. 进行培训和沟通

在系统实施前对团队成员进行培训，确保他们能够熟练使用风险评估模型信息化工具。同时，进行有效的沟通，使团队了解风险评估模型信息化的目的、流程和预期效益。培训和沟通是系统成功实施的关键，能够提高团队的接受度和使用效果。

7. 建立反馈和改进机制

在系统正式投入使用后，建立反馈和改进机制。通过收集用户的反馈信息，可及时发现系统存在的问题和不足之处，并进行调整和优化。通过建立持续改进的文化，确保风险评估模型信息化系统能够不断适应组织和项目的变化。

（四）风险评估模型信息化的挑战与应对

1. 数据质量和完整性

数据质量和完整性是风险评估模型信息化面临的主要挑战之一。不同数据源、不同部门的数据格式和标准可能存在差异，导致数据集成时出现问题。建立数据质量管理机制，确保数据的准确性和一致性，是应对这一挑战的有效手段。

2. 多样性的风险类型

项目或业务面临的风险类型多种多样，涉及技术、市场、政策等多个方面。不同类型的风险可能需要采用不同的评估方法和工具。在实施风险评估模型信息化时，需要考虑如何全面覆盖各类风险，确保系统的全面性和适用性。

3. 组织文化和人员素养

风险评估模型信息化的成功实施需要组织具备良好的信息化文化和团队成员具备必备的信息素养。如果组织文化不支持信息化，或者团队成员缺乏信息化工具的使用经验，可能会影响系统的应用效果。建立信息化文化，进行定期的培训和教育，是应对这一挑战的关键。

4. 技术更新和适应性

信息技术发展迅速，新的工具和技术也不断涌现。系统可能需要不断更新和升级，以适应新的技术和业务需求。建立灵活的信息化架构，确保系统具有良好的适应性和扩展性，是应对技术更新带来的挑战的有效途径。

第二节 风险监控与应对的信息化策略

一、风险监控系统的信息化设计

风险监控是项目管理和业务决策中至关重要的一环，它能够帮助组织及时识别、评估和应对潜在风险。信息化设计风险监控系统通过充分利用先进的信息技术手段，使风险监控更加科学、全面、实时和可管理。

（一）风险监控系统信息化设计的关键要素

1. 风险识别和分类工具

风险监控的首要任务是及时发现潜在风险，而风险识别和分类工具是信息化设计的关键组成部分。这些工具可以通过多种途径收集信息，包括但不限于头脑风暴、专家访谈、历史数据分析等。信息化系统需要支持多样化的识别手段，并能够对风险进行合理分类，以便更好地组织和管理。

2. 实时数据采集与整合平台

风险监控需要基于实时数据进行，因此实时数据采集与整合平台是设计风险监控系统的重要组成部分。该平台应能够从不同的数据源中采集实时数据，包括项目计划、财务数据、市场情报等，并整合这些数据，为风险监控提供全面的信息基础。

3. 风险评估模型

风险评估是风险监控的核心内容之一，而风险评估模型是支持风险评估的关键要素。在信息化设计中，风险评估模型应能够综合考虑不同风险因素的权重，采用合适的评估方法，这个方法既可以是定量的，也可以是定性的。模型的设计需要灵活性，以适应不同项目和业务的需求。

4. 预警和报告工具

风险监控系统需要具备预警和报告的功能，能够及时向相关人员发出预警信号，并生成详细的报告。预警和报告工具可以基于事先设定的监控指标，通过自动化的方式实现对潜在风险的监测，从而提高监控的时效性和效果。

（二）风险监控系统信息化设计的优势

1. 实时性

信息化设计的风险监控系统可以实现实时数据采集和处理，及时捕捉潜在风险的变化。这有助于组织更迅速地做出反应，并采取相应的措施，从而降低潜在风险对项目或业务的不利影响。

2. 全面性

通过信息化系统，可以整合来自不同数据源的信息，实现全面性的风险监控。这样，组织可以更全面地了解项目或业务的风险状况，包括技术风险、市场风险、财务风险等多个方面。

3. 可管理性

信息化系统提供了可视化和直观的界面，使风险监控更易于管理。通过图表、报告等方式，决策者能够更直观地了解风险的分布情况、趋势变化，从而更好地制定决策和管理策略。这种可管理性有助于提高决策的科学性和效率，使组织更具应对风险挑战的能力。

4. 数据支持决策

信息化设计的风险监控系统通过数据的集成和分析，为决策提供有力支持。决策者可以基于系统生成的报告和分析结果，更准确地评估潜在风险的影响，制订相应的风险缓解和对策计划，提高决策的精准性。

（三）风险监控系统信息化设计的实施步骤

1. 制定风险监控策略

在实施风险监控系统信息化设计之前，组织需要明确风险监控的目标、范围、流程和相关责任人。制定清晰的风险监控策略有助于系统的有序实施，确保信息化系统能够有效地支持组织的风险监控需求。

2. 选择合适的信息化工具

根据组织的实际需求和项目特点，选择合适的风险监控系统信息化工具。这可能涉及风险监控软件、实时数据采集与整合平台、预警和报告工具等多个方面。选择合适的工具是风险监控系统信息化设计成功实施的关键。

3. 建立数据集成机制

确保系统可以顺利集成不同来源的实时数据。这可能涉及与其他系统的对接、数据标准的制定、数据质量的管理等方面。建立良好的数据集成机制有助于确保系统能够获取到全面和准确的监控信息，提高信息化系统的整体效能。

4. 设计风险评估模型

在信息化系统中，风险评估模型是支持风险监控的核心。设计科学合理的风险评估模型，综合考虑不同风险因素制定合适的评估方法，是风险监控系统信息化设计中的关键一环。

5. 部署预警和报告工具

选择和配置预警和报告工具，确保系统能够及时捕捉到新的监控信息，并向相关人员提供及时的预警和报告。这涉及设置监控指标、报告格式、预警机制等方面的工作。预警和报告工具的部署有助于风险监控的实时性和敏感性。

6. 进行培训和沟通

在系统实施前，对团队成员进行培训，确保他们能够熟练使用风险监控系统信息化工具。同时，进行有效的沟通，使团队了解风险监控系统信息化设计的目的、流程和预期效益。培训和沟通是系统成功实施的关键，能够提高团队的接受度和使用效果。

7. 建立反馈和改进机制

在系统正式投入使用后建立反馈和改进机制。通过收集用户的反馈信息，及时发现系统存在的问题和不足之处，并进行调整和优化。建立持续改进的文化，以确保风险监控系统信息化设计能够不断适应组织和项目的变化。

（四）风险监控系统信息化设计的挑战与应对

1. 数据安全和隐私

随着信息化的深入，数据安全和隐私问题变得尤为重要。风险监控系统涉及大量敏感信息的采集和处理，必须保障数据的安全性和隐私性。建立完善的数据安全机制、进行合规性审查、采用加密技术等是应对这一挑战的有效手段。

2. 数据质量和一致性

风险监控系统需要处理来自不同数据源的信息，因此数据质量和一致性是一个常见的挑战。不同系统、不同部门的数据标准和格式可能存在差异，由此导致数据的不一致。建立数据质量管理机制、规范数据标准、进行数据清洗和验证是应对这一挑战的重要步骤。

3. 系统集成和兼容性

组织通常使用多个系统来支持不同方面的业务和管理，风险监控系统需要与这些系统进行集成。系统集成和兼容性是一个复杂的问题，可能涉及不同系统的接口、数据格式、技术架构等方面。确保系统能够顺利集成、具备良好的兼容性是应对这一挑战的关键。

二、应急响应系统的信息化建设

应急响应系统在组织和企业面临突发事件时发挥着关键作用，它能够帮助组织和企业迅速、有序地应对各种紧急情况，最大限度地减轻损失。信息化建设应急响应系统通过引入先进的信息技术，提高响应速度、精准度和全面性。

（一）应急响应系统信息化建设的关键要素

1. 事件监测与预警系统

建设应急响应系统的第一步是建立事件监测与预警系统。这一系统通过实时监测各种数据源，包括气象、地质、网络等多个方面，对潜在风险进行早期预警。合理的事件监测与预警系统有助于提高对潜在威胁的敏感性，为迅速响应提供时间窗口。

2. 信息集成平台

信息集成平台是应急响应系统的核心，它负责将来自各个数据源的信息整合起来，为决策者提供全面、一致的信息。这可能涉及与不同系统的数据对接、数据格式的标准化、实时数据的采集等工作。信息集成平台的建设有助于提高信息的全面性和实时性。

3. 指挥调度系统

应急响应系统需要有一个高效的指挥调度系统，以协调各个部门的响应行动。指挥调度系统可以通过信息化手段实现实时的指挥与调度，支持对资源、人员和物资的合理调度，提高响应效率。这一系统需要具备灵活性，能够根据不同事件的特点进行调整。

4. 信息安全与隐私保护机制

在信息化建设中，信息安全和隐私保护是至关重要的要素。应急响应系统处理的信息可能涉及个人、组织的敏感信息或国家安全信息。因此，必须建立完善的信息安全与隐私保护机制，采用加密、身份验证等手段确保信息的保密性和完整性。

（二）应急响应系统信息化建设的优势

1. 实时性

信息化建设的应急响应系统能够实现实时数据的采集、传输和分析。这使得系统能够更迅速地感知事件的发生，提高响应的速度和效率，对突发事件做出及时的决策。

2. 精准性

通过信息集成和分析，信息化系统可以提供更为准确、详尽的信息。这使得决策者在面临紧急情况时能够更好地了解事件的背景、影响和可能的发展趋势，从而制定更为精准的应对方案。

3. 全面性

信息化系统整合了来自不同数据源的信息，包括多个方面的数据。这使得应急响应系统能够提供更全面的情报支持，使决策者能够更全面地考虑各种因素，做出全面的决策。

4.效率提升

通过信息化手段，应急响应系统能够实现对资源更加精细化、灵活化的调度。这有助于提高资源利用率，降低响应成本，提升整体效率。

（三）应急响应系统信息化建设的实施步骤

1.制定信息化建设策略

在实施应急响应系统信息化建设之前，组织需要制定明确的信息化建设策略。这包括确定建设的目标、范围、流程和相关责任人。制定清晰的策略有助于系统的有序实施，确保信息化系统能够有效地支持组织的应急响应需求。

2.选择合适的信息化工具

根据组织的实际需求和应急响应系统的特点选择合适的信息化工具。这可能涉及事件监测与预警系统、信息集成平台、指挥调度系统等多个方面。选择合适的工具是信息化建设成功实施的关键。

3.建立信息集成机制

确保系统可以顺利集成不同来源的信息。这可能涉及与其他系统的对接、数据标准的制定、数据质量的管理等方面。建立良好的信息集成机制有助于确保系统能够获取到全面和准确的应急响应信息，提高信息化系统的整体效能。

4.设计指挥调度系统

设计高效的指挥调度系统，确保系统能够在紧急情况下迅速响应并协调各个部门的行动。指挥调度系统的设计需要充分考虑不同事件的特点，确保系统具备灵活性和沟通渠道，使团队熟悉新系统的操作和流程。

5.建立反馈和改进机制

在系统正式投入使用后建立反馈和改进机制。通过收集用户的反馈信息，及时发现系统存在的问题和不足之处，进而及时调整和优化。通过建立持续改进的文化，确保风险监控系统信息化设计能够不断适应组织和项目的变化。

（四）风险监控系统信息化设计的挑战与应对

1.数据安全和隐私

随着信息化的深入，数据安全和隐私问题变得尤为重要。风险监控系统涉及大量敏感信息的采集和处理，必须保障数据的安全性和隐私性。建立完善的数据安全机制、进行合规性审查、采用加密技术等是应对这一挑战的有效手段。

2.数据质量和一致性

风险监控系统需要处理来自不同数据源的信息，因此数据质量和一致性是一个常见的挑战。不同系统、不同部门的数据标准和格式可能存在差异，从而导致数据的不一致。建立数据质量管理机制、规范数据标准、进行数据清洗和验证是解决这一挑战的重要步骤。

3. 系统集成和兼容性

组织通常使用多个系统来支持不同方面的业务和管理，风险监控系统需要与这些系统进行集成。系统集成和兼容性是一个复杂的问题，可能涉及不同系统的接口、数据格式、技术架构等方面。确保系统能够顺利集成、具备良好的兼容性是应对这一挑战的关键。

4. 人员培训和接受度

风险监控系统信息化设计成功实施还需要考虑人员培训和接受度。如果团队成员缺乏对信息化工具的使用经验，可能导致对系统的不理解和不适用。因此，建立系统使用的培训计划、沟通渠道，使团队熟悉新系统的操作和流程，是提高信息化系统接受度的关键。

风险监控系统的信息化设计是组织对潜在风险实施全面监控、迅速响应的关键环节。通过选择合适的信息化工具、建立科学的评估模型、完善数据集成机制、培训团队成员等手段，可以使风险监控系统更具实时性、全面性、可管理性和数据支持决策的优势。同时，系统在设计和实施中需要应对诸多挑战，包括数据安全、一致性、兼容性等问题，这要求组织在实施过程中持续改进和优化，以确保风险监控系统的信息化设计能够有效地支持组织的风险管理需求。

第三节　应急预案的信息化制定与实施

一、应急预案的信息化标准

应急预案是组织在面临紧急情况时制订的一套行动计划，旨在迅速、有效地应对和管理各类突发事件。随着信息化技术的发展，将应急预案进行信息化处理，可以提高应急响应的速度、准确性和协同性。

（一）应急预案信息化的标准要素

1. 数据标准

在应急预案信息化中，数据标准是一个至关重要的要素。各种信息化系统需要遵循一致的数据标准，以确保数据的准确性、一致性和可比性。数据标准应包括信息的命名规范、存储格式、数据元素定义等方面的规定，以便于信息的交流和共享。

2. 流程标准

应急预案信息化涉及复杂的协同流程，为了确保应急响应的迅速性和协同性，需要明确各种流程的标准。流程标准应包括危机识别流程、信息传递流程、资源调配流程等，以确保各项任务在应急事件中有序展开。

3. 接口标准

在信息化系统中，各个模块或系统之间需要进行信息交互，为此需要定义清晰的接口标准。接口标准应包括数据传输格式、通信协议、接口调用规范等，以确保各个系统能顺利地进行信息共享和协同工作。

4. 安全标准

应急预案信息化涉及大量敏感信息，因此安全标准至关重要。安全标准应包括数据加密规范、访问控制规定、身份认证要求等，以保障应急信息的机密性、完整性和可用性。

5. 用户培训标准

应急预案信息化的成功实施离不开用户的有效使用，因此需要建立用户培训标准。培训标准应包括培训内容、培训方法、培训频率等，以确保用户能够熟练使用应急预案信息化系统。

6. 效能标准

为了确保应急预案信息化的实施达到预期的效果，需要建立效能标准。效能标准应包括系统的响应时间、信息传递的速度、应急响应的效率等方面的要求，以确保系统在紧急情况下能够迅速、准确地发挥作用。

（二）应急预案信息化标准的优势

1. 提高应急响应速度

应急预案信息化标准可以规范危机响应的流程和操作，减少人为因素的影响，从而提高应急响应的速度。通过信息化系统，可以实现信息的实时传递和协同工作，使应急预案的执行更加迅速、有效。

2. 优化资源配置

信息化标准有助于实现资源的有效调配和管理。通过信息化系统，可以及时了解各类资源的情况，包括人员、物资、设备等，从而更加精准地进行资源的配置，提高应急响应的效率和效果。

3. 加强信息共享和协同

信息化标准有助于加强各方之间的信息共享和协同工作。在应急事件中，各个相关单位和人员需要共同协作，而信息化系统能够提供一个统一的平台，促进信息的流通和协同工作的顺利进行。

4. 提高数据准确性和一致性

信息化标准可以规范数据的采集和处理过程，确保数据的准确性和一致性。这有助于提高应急预案的可信度，使决策和行动更加科学和有效。

（三）应急预案信息化标准的实施步骤

1. 制定标准体系

在实施应急预案信息化标准前，需要制定一套完整的标准体系。这包括数据标准、流程标准、接口标准、安全标准、用户培训标准和效能标准等方面，确保整个信息化系统具备一致性和规范性。

2. 选择信息化工具

选择适合组织需求的信息化工具，可以是应急预案管理软件、通信工具、数据传输平台等。选择工具时需要考虑其与标准体系的匹配程度，确保工具能够有效地支持标准的实施。

3. 实施培训计划

制订用户培训计划，确保相关人员能够熟练使用信息化系统。培训计划应涵盖系统的操作流程、数据标准的遵循、安全规范的执行等内容，以提高用户的信息化素养。

4. 建立监控和评估机制

建立监控和评估机制，以确保信息化标准的实施效果。通过设立监控点，定期对系统的运行状况进行检查，确保系统符合标准体系的要求。同时，建立反馈渠道，接收用户的意见和建议，以及时调整和优化信息化系统。

5. 定期演练和测试

定期进行应急预案信息化系统的演练和测试，以验证系统的可用性和鲁棒性。通过模拟不同类型的紧急情况，测试系统的应急响应能力，及时发现和解决潜在问题，确保系统在实际应急事件中的可靠性。

6. 持续改进

建立持续改进的机制，对信息化标准进行定期评估和更新。随着应急预案的调整和组织架构的变化，信息化标准需要不断适应新的需求。持续改进机制可以帮助组织及时调整标准，确保其始终符合实际需求。

（四）应急预案信息化标准的挑战与应对

1. 技术更新

信息技术发展迅速，应急预案信息化标准需要不断适应新的技术趋势。组织可能面临技术更新的挑战，需要建立灵活的标准体系，快速集成新技术，以提高系统的先进性和适应性。

2. 用户接受度

用户接受度是信息化标准实施的一个关键因素。有些用户可能对新系统存在抵触情绪，因此需要通过培训、沟通等手段提高用户的接受度。通过建立用户参与机制，吸收用户的反馈意见，帮助用户更好地适应新的信息化系统。

3. 安全隐患

随着信息化的深入，安全隐患成为一个不可忽视的问题。应急预案信息化系统涉及大量敏感信息，需要防范各类安全威胁，需要建立健全的安全标准和措施，定期进行安全审查和测试，提高系统的抗攻击能力。

4. 跨部门协同

在大型组织中，应急预案涉及多个部门和单位，需要实现跨部门的信息共享和协同。跨部门协同涉及组织结构、流程和文化等多个方面的问题，需要建立有效的沟通机制和协同工作流程，确保信息的无障碍流通。

应急预案的信息化标准是组织提高应对紧急情况能力的关键步骤。通过建立数据、流程、接口、安全、用户培训和效能等方面的标准体系，可以使信息化系统更具科学性和规范性。信息化标准的实施能够提高应急响应的速度、协同性和效率，优化资源配置，加强信息共享，提高数据的准确性和一致性。在实施过程中，需要注意技术更新、用户接受度、安全隐患和跨部门协同等挑战，可通过持续改进机制，确保信息化系统始终符合组织的实际需求。

二、应急响应系统与信息化技术的融合

随着社会的不断发展和现代科技的飞速进步，应急响应系统与信息化技术的融合成为提高应急管理水平的重要手段。信息化技术的广泛应用为应急响应提供了更为智能、迅捷、高效的解决方案。

（一）优势

1. 实时数据采集与传输

信息化技术的融合使得实时数据的采集和传输成为可能。通过传感器、监测设备等技术手段，可以迅速获取紧急事件现场的实时数据，如气象信息、地质数据、人员分布等。这为应急响应提供了及时、准确的信息基础，有助于更快速地做出决策和采取行动。

2. 智能分析与决策支持

信息化技术的融合使大数据、人工智能等技术在应急响应中得以应用。通过对大量实时数据的分析，系统可以自动生成预警信息、识别潜在风险，为决策者提供更为全面的信息支持。智能分析和决策支持系统可以帮助应急响应团队更科学地制订行动计划，提高响应的准确性和效率。

3.协同与信息共享

信息化技术为不同部门、单位之间的协同工作提供了更为便捷的手段。通过建立统一的信息平台，各相关方可以实现实时信息共享，协同作战。例如，消防、医疗、交通等部门可以通过信息化系统共享实时数据，提高资源的协同利用效率、缩短响应时间。

4.移动化应用

随着移动互联网的普及，移动化应用成为信息化技术在应急响应中的重要应用方向。响应人员可以通过移动设备随时随地获取实时信息，进行远程指挥、协调和决策。移动化应用使得应急响应更具灵活性和迅捷性。

（二）挑战

1.安全隐患

信息化技术的融合带来了信息系统的复杂性和网络的开放性，同时也带来了安全隐患。网络攻击、数据泄露等安全问题可能影响应急响应系统的正常运行，因此需要加强网络安全防护，建立健全的安全机制。

2.数据质量和一致性

大量实时数据的采集和传输可能涉及不同来源、不同格式的数据，导致数据质量和一致性出现问题。信息化系统需要建立标准的数据格式和质量管理机制，以确保数据的准确性和一致性。

3.技术更新与兼容性

信息化技术的快速更新可能导致系统的技术过时，而应急响应系统要求具备较高的稳定性和可靠性。同时，不同部门使用的信息化系统可能存在兼容性问题，需要解决不同系统之间的集成和协同工作。

4.人员培训与接受度

应急响应系统的信息化需要相关人员具备一定的信息技术水平。因此，人员培训和接受度是一个挑战。应急响应团队需要具备运用信息化工具的能力，而人员的培训涉及时间和成本等方面的考虑。

（三）发展趋势

1.5G技术的应用

随着5G技术的逐渐商用，将为应急响应系统提供更高速、低时延的通信支持。5G技术的应用将加速实时数据的采集和传输，提高信息化系统的响应速度。

2.边缘计算的发展

边缘计算技术可以在数据产生的源头进行实时处理,减少数据传输和存储的压力。在应急响应中,边缘计算技术的发展将使实时数据更为高效地得到处理和利用。

3.人工智能的深入应用

人工智能技术的深入应用将为应急响应系统提供更强大的智能分析和决策支持能力。通过机器学习、深度学习等技术,系统可以更好地理解和适应不同的应急场景。

4.区块链技术的应用

区块链技术的去中心化和不可篡改的特性,使得其在信息安全和数据可信性方面具有潜在的应用前景。在应急响应系统中,区块链技术可以用于确保数据的安全性和真实性。

第四节 项目风险沟通与协同的信息化手段

一、风险信息化共享与传播

随着社会的不断发展和技术的迅速进步,应急管理领域也面临着更为复杂的挑战。应急响应系统与信息化技术的融合为提高应对紧急情况的能力提供了全新的可能性。

(一)应急响应系统的特点与挑战

1.特点

应急响应系统是在紧急情况下迅速做出反应、采取措施以保障人民生命财产安全的关键组成部分。其特点包括实时性、协同性、科学性等。实时性要求系统能够及时感知和响应突发事件;协同性要求系统能够有效地协同各部门和单位;科学性要求系统能够基于数据和信息做出科学决策。

2.挑战

传统的应急响应系统面临着一些挑战,包括信息孤岛、决策滞后、资源不足等。信息孤岛指的是各个部门和单位的信息无法有效地共享和传递,导致响应的滞后和不协调;决策滞后意味着在紧急情况下,决策者无法迅速获取到实时准确的信息,影响决策的及时性和科学性;资源不足则可能导致在紧急情况下,无法有效地调配和利用资源,影响应急响应的效果。

（二）信息化技术在应急响应中的应用

1. 实时监测与感知

信息化技术能够通过传感器、监测设备等实时感知和监测突发事件，提供实时的数据和信息。例如，利用无人机、监控摄像头等设备进行实时监测，可以在突发事件发生时快速获取现场信息，为决策提供实时支持。

2. 数据集成与共享

信息化技术可以实现不同部门和单位间的数据集成和共享，打破信息孤岛。通过建立统一的数据标准和接口，各个系统能够共享数据，从而提高信息流通和协同工作的效率。这有助于消除信息孤岛，提高应急响应的协同性。

3. 决策支持系统

信息化技术在应急响应中发挥着决策支持的关键作用。通过数据分析、模型建立等手段，可以为决策者提供科学的决策支持。例如，利用数据挖掘技术分析历史事件数据，预测突发事件可能的发生和影响，有助于提前制定有效的应对策略。

4. 资源调配与管理

信息化技术可以帮助实现资源的智能调配和高效管理。通过建立资源数据库、利用物联网技术实现设备的远程监控，可以及时了解资源的状况，实现资源的迅速调配和优化配置，提高应急响应的效果。

5. 智能预警与通信技术

信息化技术可以实现智能预警系统，通过先进的传感技术和数据分析，可以及时发现潜在风险，并向相关人员发送预警信息。同时，通信技术的发展也使得相关人员在紧急情况下能够更加迅速、可靠地进行信息传递和沟通。

（三）应急响应系统与信息化技术的融合优势

1. 提高响应速度

信息化技术的应用可以极大地提高应急响应的速度。实时监测与感知、智能预警系统等技术手段可以使突发事件被更早地发现，决策支持系统和通信技术可以在最短时间内形成响应计划并传达给相关人员，从而迅速制定和执行应急方案。

2. 优化资源配置

通过信息化技术，可以实现对资源的精准调配和优化配置。智能资源管理系统能够在紧急情况下及时了解资源的分布和状态，通过算法和模型进行智能调配，确保资源得到最有效的利用，提高应急响应的效能。

3. 加强协同作战

信息化技术能够打破信息孤岛，实现数据的集成与共享。各个部门和单位可以通过共享信息，更好地协同作战。协同作战平台的建立，使得不同部门之间能够更加紧密地合作，形成联合应对的力量。

4. 提高决策科学性

信息化技术为决策者提供了更多、更全面的数据支持，从而提高了决策的科学性。决策支持系统利用数据分析、模型建立等手段，帮助决策者更好地理解当前状况、预测未来趋势，使决策更为准确、可靠。

5. 提升灵活性与应变能力

信息化技术为应急响应系统增强了灵活性和应变能力。通过利用云计算、边缘计算等技术，可以实现系统的快速部署和灵活扩展。这样在面对不同类型的紧急情况时，系统能够更加迅速地进行调整，以适应各种复杂的应急场景。

（四）挑战与解决方案

1. 数据隐私与安全

随着信息化技术的广泛应用，数据隐私和安全问题变得尤为重要。在处理涉及个人隐私的信息时，需要建立严格的隐私保护机制，确保数据的安全存储和传输。加密技术、权限控制等手段可以用于解决数据隐私与安全的挑战。

2. 跨平台集成

不同部门和单位使用的应急响应系统可能存在不同的技术平台和架构，跨平台集成成为一个挑战。需要通过制定统一的接口标准采用开放式的架构，实现不同系统之间的信息共享和集成，提高整体系统的协同性。

3. 人员培训与接受度

信息化技术的成功应用需要相关人员具备一定的技术水平和应用能力。人员培训成为一个重要的环节，需要确保相关人员熟练使用新技术和系统。同时，提高人员对信息化技术的接受度、培养信息化素养也是关键。

4. 技术更新与维护

信息化技术发展迅猛，系统需要不断进行更新和维护，以适应新技术的变化和信息不断增长的需求。应建立有效的技术更新和维护机制，确保系统始终保持高效、可靠的状态。

（五）未来展望

随着技术的不断进步，应急响应系统与信息化技术的融合将迎来更为广阔的发展前景。未来可能出现的趋势包括：

1. 人工智能的应用

人工智能技术在应急响应中的应用将更为广泛。通过机器学习和深度学习等技术，系统能够更好地理解和分析大量复杂的数据，提高对紧急情况的智能识别和响应能力。

2. 区块链的应用

区块链技术有望在应急响应系统中发挥重要作用。通过区块链的去中心化、不可篡改等特性，可以增强数据的安全性和可信度，确保信息的真实性，防止数据的伪造和篡改。

3. 虚拟现实与增强现实的融入

虚拟现实（VR）和增强现实（AR）技术可以为应急响应提供更直观、真实的信息呈现。例如，在培训过程中，可以使用VR技术模拟真实场景，提高人员的实战能力。

4. 大数据的深度应用

大数据技术的深度应用将带来更全面、深入的数据分析。通过大数据分析，可以更准确地预测紧急情况发生的可能性和影响程度，为决策提供更科学的依据。

应急响应系统与信息化技术的融合为提高应对紧急情况的能力提供了全新的机遇。通过实时监测与感知、数据集成与共享、决策支持系统、资源调配与管理等方面的信息化技术应用，能够有效地发挥提高响应速度、优化资源配置、加强协同作战、提高决策科学性等方面的优势。然而，在迎接这一融合带来的机遇的同时，也需要克服数据隐私与安全、跨平台集成、人员培训与接受度、技术更新与维护等方面的挑战。未来，随着人工智能、区块链、虚拟现实与增强现实等技术的深入应用，应急响应系统与信息化技术的融合将在提升应急管理水平和效果方面取得更为显著的成就。

二、信息化对风险沟通效率的提升

风险沟通是组织管理中至关重要的一环，它涉及对潜在风险的识别、评估、传递和管理。随着信息化技术的不断发展，其在风险管理领域的应用逐渐成为提高沟通效率、降低风险管理成本的重要手段。

（一）信息化技术在风险沟通中的应用

1. 实时数据共享与透明

信息化技术通过建立数字化平台，实现了实时数据的共享和透明。在风险管理中，各级管理人员、团队成员以及利益相关者可以通过网络平台获得最新的风险信息。这确保了信息的及时传递，提高了沟通的时效性。

2. 智能报告与数据可视化

传统的风险报告通常需要花费大量时间来整理和分析数据，而信息化技术可以通过智能算法和数据可视化工具，将庞大的数据集转化为易于理解的图表和报告。这样的可视化呈现使得沟通更加直观，各方更容易理解和分析风险信息。

3.电子邮件、即时通信与协同平台

电子邮件、即时通信和协同平台等工具提供了即时的沟通渠道。团队成员和利益相关者可以通过这些平台随时随地进行交流，分享关于风险的观点、意见和建议。这加速了沟通流程，促进了更迅速的决策制定。

4.电子会议与远程协作

信息化技术还支持远程协作和电子会议，这使得各地的团队成员能够在虚拟空间中进行实时会议。这种方式不仅提高了沟通的效率，也降低了沟通的成本，特别是对跨国公司或分布式团队而言。

5.社交媒体与舆情监测

社交媒体的广泛使用为风险沟通提供了新的平台。通过社交媒体，组织可以更加灵活地与公众进行互动，及时了解公众的反馈和关切，进而调整沟通策略。同时，舆情监测工具可以帮助组织迅速捕捉到潜在的负面信息，有助于制定及时的风险沟通方案。

（二）提升风险沟通效率的关键因素

1.及时性

信息化技术实现了实时数据共享，确保了风险信息的及时传递。无论是内部团队还是外部利益相关者，都可以在第一时间获取到最新的风险数据，有助于及时做出反应和调整策略。

2.可靠性

数字化平台和智能算法的应用提高了风险数据的准确性和可靠性。通过自动化的数据分析，减少了人为错误的可能性，使得风险沟通更具可信度，增强了各方对风险信息的信任。

3.直观性

数据可视化工具和报告的使用使复杂的风险信息变得更加直观。通过图表、图形等形式展示的风险信息，更容易为各方理解，促进了更有效的沟通和决策制定。

4.互动性

社交媒体等平台提供了互动性的沟通方式。组织可以通过这些平台与公众进行直接的互动，回应公众关切，更好地理解和满足公众的需求，提高风险沟通的互动性。

5.全球化

信息化技术支持远程协作和全球性的风险沟通。无论团队成员分布在何处，都可以通过网络平台实时交流，实现全球化的风险管理和沟通。

信息化技术对风险沟通效率的提升起到了重要作用。实时数据共享、智能报告与数据可视化、电子会议与远程协作等技术手段极大地提高了沟通的效率，使得各方能够更及时、更直观地了解和应对潜在风险。然而，这一过程也面临着数据隐私与安全、信息过载、技术差异、人员接受度等一系列挑战。未来，随着人工智能、区块链、虚拟现实与增强现实等新兴技术的应用，风险沟通将迎来更多创新，为组织更好地应对复杂多变的风险环境提供更有力的支持。

第七章　项目进度管理的信息化创新

第一节　进度计划的信息化编制与调整

一、进度计划软件的选择与使用

在现代项目管理中，进度计划是确保项目按时完成的关键因素之一。为了更有效地制定、监控和调整项目进度，项目团队经常依赖于进度计划软件。

（一）进度计划软件的重要性

1. 提高可视化

进度计划软件通过图形化和可视化展示项目计划，使项目进度一目了然。这有助于团队成员更好地理解项目的时间线，提高沟通效率。

2. 管理复杂性

现代项目往往涉及多个任务、团队和资源，因此需要应对复杂性。进度计划软件能够帮助项目经理更好地组织和管理这些复杂的项目结构。

3. 实现协同工作

协同工作是项目成功的关键。进度计划软件可以提供多用户协同编辑、实时更新和团队协作功能，确保团队成员随时了解项目的最新状态。

4. 支持决策制定

通过进度计划软件，项目经理可以进行"如果"分析，模拟不同的项目路径和决策，从而更好地制订项目计划和预测可能的风险。

（二）选择进度计划软件的关键因素

1. 用户友好性

选择易于使用的软件对于团队成员快速上手和有效使用软件至关重要。直观的用户界面和简单的操作流程能够提高软件的接受度。

2.功能完备性

软件必须具备必要的功能以满足项目需求。这包括任务和里程碑的定义、资源分配、依赖关系管理、甘特图展示等功能。同时，灵活的自定义功能也是考虑因素之一。

3.可扩展性

随着项目的不断发展，软件需要具备一定的可扩展性，能够适应新的需求和变化。集成其他项目管理工具和第三方应用的能力是软件可扩展性的体现。

4.团队协作功能

软件应提供有效的团队协作功能，支持多人同时编辑和查看项目进度。实时更新和通知功能有助于确保团队成员了解项目的最新动态。

5.报告与分析能力

软件应提供强大的报告和分析功能，以便项目经理能够生成各种报告、分析项目数据，从而做出更明智的决策。

（三）常见的进度计划软件

1.Microsoft Project

Microsoft Project 是一款功能强大、被广泛使用的项目管理软件。它提供了详细的项目计划功能、资源管理、甘特图展示等特性。然而，对小型团队而言它可能过于复杂，并需要用户熟悉 Microsoft Office 环境。

2.Smartsheet

Smartsheet 是一种基于云的协作平台，结合了电子表格的灵活性和项目管理软件的功能。它适用于中小型项目，具有直观的用户界面和协作工具。

3.Trello

Trello 是一种看板式的项目管理工具，适用于敏捷开发和小型项目。它简单易用，提供了直观的看板和卡片来组织任务。

4.Jira

Jira 是一款由 Atlassian 开发的项目管理软件，主要用于敏捷项目管理。它提供了问题跟踪、计划和报告等功能，适用于软件开发团队。

（四）使用进度计划软件的最佳实践

1.制订清晰的项目目标和计划

在使用进度计划软件之前，项目经理应确保项目目标清晰，并制订完备的项目计划。这有助于更有效地使用软件进行任务和进度管理。

2.尽早培训团队成员

为了确保团队成员能够充分利用进度计划软件，项目经理应在项目开始之初进行培训。尤其是对于新团队成员，培训是熟练使用软件的关键。

3.定期更新和监控进度

项目进度是动态变化的，项目经理应定期更新和监控进度。通过软件提供的实时更新功能，项目经理能够及时识别问题并采取行动。

4.与团队保持沟通

进度计划软件不只是项目经理的工具，团队成员也应了解项目进度。因此，保持与团队的沟通是至关重要的。软件提供的协作功能可以促进团队内部的有效沟通。

选择和使用进度计划软件是项目管理中的重要决策。通过考虑用户友好性、功能完备性、可扩展性、团队协作功能和报告与分析能力等关键因素，项目经理可以选择适合团队和项目需求的软件。常见的软件包括 Microsoft Project、Smartsheet、Trello 和 Jira 等，每种软件都有其独特的优势和适用场景。

在使用进度计划软件时，项目经理应制订清晰的项目目标和计划，以确保软件的有效应用。培训团队成员是保证团队熟练使用软件的关键步骤，尤其是对于新加入的团队成员。定期更新和监控项目进度、保持与团队的沟通是使用软件的最佳实践之一。

未来，随着技术的不断发展，进度计划软件可能会融入更多先进的功能，如人工智能、自动化协同等，以提高项目管理的效率和精确度。项目经理应保持对新技术的关注、及时适应行业的变化，以更好地应对日益复杂的项目环境。

二、信息化对项目进度计划的动态调整

在当今数字化时代，信息化技术的迅猛发展给项目管理带来了深刻的变革。其中，项目进度计划的动态调整是信息化技术在项目管理中的一个重要方面。

（一）实时监控与反馈

1.传感器技术的应用

信息化技术在项目进度管理中的一项关键作用是通过传感器技术实现对项目实施的实时监控。传感器可以被应用于各种项目环境，如建筑工地、制造业等。通过这些传感器，项目团队能够获取实时的数据，包括设备状态、生产进度、资源利用等，从而对项目进度进行实时监控。

2.实时监控系统的建立

建立实时监控系统是信息化对项目进度管理的创新之一。这些系统可以集成传感器、无人机、监控摄像头等设备，实时地捕捉项目各个环节的情况。这些数据会自动

传输到项目管理软件，使项目经理和团队成员能够及时了解项目的实际状况，从而及时调整进度计划。

3. 实时报告和通知

信息化技术还使得实时报告和通知成为可能。项目管理软件可以生成实时的报告，将项目进展情况以图表、数字等形式直观地展示给项目团队。同时，系统可以设置自动通知机制，及时通知相关人员有关进度的变化、延误或风险，使团队能够迅速做出反应。

（二）数据分析与预测

1. 大数据分析

信息化技术的另一个重要影响是在项目管理中引入大数据分析。通过收集和分析大量的项目数据，项目团队可以从中挖掘出潜在的模式、趋势和关联性。这使得项目经理能够更准确地预测未来可能出现的问题，为项目进度的动态调整提供数据支持。

2. 预测模型的建立

利用大数据和机器学习技术，可以建立预测模型，通过对历史数据和实时数据的分析，预测项目未来的进展。这样的模型可以识别潜在的风险、"瓶颈"和可能的延误，为项目经理提供提前采取行动的机会。

3. 智能决策支持系统

信息化技术的发展还促使了智能决策支持系统的出现。这些系统能够根据实时数据和大数据分析结果，提供智能化的决策建议。项目经理可以借助这些系统更迅速、更准确地做出动态调整进度计划的决策。

（三）协同工具促进团队协作

1. 云协作平台

信息化使得团队成员可以在不同的地理位置共同协作。云协作平台提供了在线文件存储、实时编辑和团队讨论等功能，使得团队成员能够更加方便地共享进度计划、更新任务状态，促进团队协作。

2. 协同编辑工具

协同编辑工具使得多个团队成员可以同时编辑同一份文档，这在项目进度计划的动态调整中尤为重要。通过这些工具，团队成员能够即时看到其他人的修改，协同工作变得更加高效。

3. 项目协作软件

专门设计用于项目协作的软件提供了任务分配、进度更新、实时通知等功能。这些软件可以帮助团队成员更加紧密地协作，减少信息沟通的滞后，有助于更及时地调整项目进度计划。

（四）挑战与应对策略

1. 数据隐私和安全

随着信息化在项目管理中的广泛应用，数据隐私和安全成为一个重要的挑战。项目团队需要采取有效的措施，如加密技术、权限管理等，保障项目数据的安全性。

2. 技术的接受度

引入新的信息化技术可能会面临团队成员对新技术的接受度较低的问题。为了克服这一挑战，项目管理团队应提供充分的培训和支持、解释新技术的优势，并逐步推动技术的应用。

3. 信息过载

信息过载是使用信息化技术时的一个常见问题。项目经理需要制定清晰的信息传递策略，确保只有关键的信息被传递给相关人员，降低信息过载的可能性。

（五）未来发展趋势

1. 人工智能的融入

未来，人工智能将更多地应用于项目进度计划的动态调整。AI 可以通过学习和分析大量历史数据，识别项目中的潜在风险，提供更准确的预测，并建议智能化的动态调整方案。

2. 增强现实技术的应用

增强现实技术有望在项目管理中扮演更重要的角色。通过 AR 技术，项目团队可以在实际工地或项目场景中查看实时的进度情况，更直观地了解项目状态，从而更灵活地进行动态调整。

3. 区块链技术的利用

区块链技术的去中心化和安全性特点将在项目管理中得到更广泛的应用。区块链可以确保项目数据的可信度和透明度，防范数据被篡改和不当访问，为动态调整提供更可靠的基础。

4. 智能合同的发展

智能合同的兴起将为项目进度计划提供更灵活的合同管理方式。智能合同通过自动执行和监控合同条款，降低了合同管理的复杂度，为项目动态调整提供了更便捷的手段。

信息化对项目进度计划的动态调整产生了深远的影响，使项目管理变得更加敏捷、实时和智能。实时监控系统、数据分析技术和协同工具等信息化技术的应用，为项目经理提供了更多的工具和数据支持，使其能够更灵活地调整项目进度计划。

然而，信息化的发展也面临着数据隐私与安全、技术接受度和信息过载等一系列挑战。项目管理团队需要采取相应的措施来应对这些挑战，确保信息化技术的顺利应用。

未来，随着人工智能、增强现实、区块链等新兴技术的不断发展，项目进度计划的动态调整将进一步迎来创新。项目经理需要保持对新技术的关注，不断学习和适应，以更好地应对项目管理的挑战，提高项目的成功实施率。信息化技术将继续成为项目管理的重要助力，推动项目管理不断迈向新的高度。

第二节　进度监控与反馈的信息化工具

一、进度监控系统的信息化设计

在现代项目管理中，进度监控是确保项目按时完成的关键环节。信息化技术的迅速发展为进度监控系统的设计和实施提供了更多可能性。

（一）进度监控系统的架构设计

1. 分层架构

一个高效的进度监控系统需要采用分层架构，将系统划分为不同的层次，以实现模块化和可扩展性。常见的分层包括用户界面层、业务逻辑层和数据访问层。

用户界面层：提供用户交互的界面，包括图表展示、实时监控等功能，使用户能够直观地了解项目进度。

业务逻辑层：处理用户请求，进行业务逻辑处理，负责协调各个模块之间的交互，确保系统的稳定运行。

数据访问层：负责与数据库进行交互，进行数据的读取、写入和存储，确保数据的一致性和可靠性。

2. 云计算架构

云计算技术为进度监控系统提供了灵活性和可扩展性。通过将系统部署在云平台，可以更好地应对不同规模项目的需求。云计算还能提供弹性计算和存储资源，使系统能够应对项目规模的波动。

3. 微服务架构

微服务架构是一种将应用拆分为可独立部署的小服务的架构。这种设计风格使得进度监控系统更容易维护、升级和扩展。每个微服务可以专注于特定的功能模块，提高了系统的灵活性。

（二）进度监控系统的功能模块设计

1.实时监控模块

实时监控模块是进度监控系统的核心功能之一。通过传感器、监控摄像头等设备采集实时数据，该模块能够动态展示项目的实际进度情况。用户可以通过用户界面随时查看项目的当前状态，及时发现潜在的问题。

2.数据分析模块

数据分析模块负责对采集到的数据进行分析，发现潜在的趋势、模式和异常。通过大数据分析技术，该模块可以提供更深入的项目洞察，帮助项目经理更好地理解项目的进展情况，并做出基于数据的决策。

3.报告与通知模块

报告与通知模块能够生成定制化的报告，将项目进度以图表、数字等形式呈现给相关人员。同时，系统可以设置自动通知机制，及时通知项目经理和团队成员有关项目的变化、风险等信息，以便及时采取措施。

4.任务管理模块

任务管理模块允许项目团队定义和管理项目中的任务，包括任务的分配、进度更新、优先级设置等。这样的模块能够帮助项目经理更好地组织团队工作，追踪任务的完成情况，并及时调整计划。

5.用户权限与安全模块

用户权限与安全模块确保系统的安全性和隐私性。该模块负责管理用户的访问权限，确保只有授权人员能够查看和修改项目信息。同时，通过加密技术等手段保障数据的安全传输和存储。

（三）数据采集与分析

1.传感器技术

为了实现实时监控，进度监控系统需要借助传感器技术。在建筑工地，传感器可以监测设备的运行状态、材料的使用情况等；在制造业领域，传感器可以实时采集生产线上的数据。这些传感器将实时数据传输到系统，支持系统的实时监控功能。

2.大数据分析

采用大数据分析技术，系统能够处理和分析庞大的项目数据。通过对历史数据和实时数据的分析，系统可以识别出潜在的风险、"瓶颈"和可能的延误，为项目经理提供决策支持。

3. 数据可视化

数据可视化是将复杂的数据转化为直观的图表和图形，使用户能够更容易理解和分析数据。进度监控系统应该具备强大的数据可视化能力，通过甘特图、饼图、柱状图等方式呈现项目进度和相关信息，提高用户的可视化分析能力。

（四）用户界面设计

直观性与用户友好性：系统的用户界面应该具备直观性和用户友好性，使用户能够迅速上手。通过简洁、清晰的设计，用户可以快速找到所需信息，并完成操作。以下是用户界面设计的一些建议：

Dashboard 设计：设计一个直观的仪表板，展示项目的关键指标、实时进度图表和重要通知。这能够使用户在一张页面上快速获取项目的整体状况。

可定制化：提供用户自定义的功能，允许用户根据其角色和需求进行界面的个性化设置。这有助于不同用户更专注地查看与其工作相关的信息。

导航简便：设计简便的导航结构，确保用户能够方便地切换不同的功能模块和查看相关信息。清晰的菜单和导航路径有助于提高用户的工作效率。

图形化展示：使用图形化元素，如图表、图形等来呈现数据。这样的设计可以使信息更生动、易于理解，帮助用户更好地分析项目进度。

（五）数据隐私与安全保障

信息化设计中必须重视数据隐私和安全问题，尤其是在处理敏感项目信息的情况下。以下是一些数据隐私和安全保障的措施：

身份验证和授权：引入严格的身份验证机制，确保只有授权人员才能访问系统。同时，实施精细的授权管理，限制用户的访问权限，以确保数据的安全性。

数据加密：对传输和存储的数据进行加密处理，防止未经授权的访问和窃取。采用安全的传输协议，如 SSL/TLS，以保障数据在传输过程中的安全。

定期安全审计：进行定期的安全审计，监测系统的安全性，发现潜在的安全漏洞并及时修复。通过安全审计，可以保障系统在信息化运作中的稳定性和安全性。

数据备份与恢复：实施有效的数据备份和恢复策略，以应对数据丢失或系统故障的情况，确保项目数据的可靠性和可恢复性。

（六）技术支持与培训

为了确保进度监控系统的有效使用，项目团队需要提供充分的技术支持和培训。以下是一些建议：

用户培训：提供系统使用培训，使项目团队成员能够熟练使用系统的各项功能。培训内容应包括系统的基本操作、高级功能、故障排除等方面。

技术支持团队：设立专门的技术支持团队，负责解决用户在使用过程中遇到的问题。提供多种联系方式，如在线支持、电话支持等，以确保用户能够及时获得帮助。

持续更新与改进：定期更新系统，修复已知的漏洞，引入新的功能和优化用户体验。通过持续改进，确保系统能够适应不断变化的项目需求和技术发展。

进度监控系统的信息化设计是现代项目管理中不可或缺的一部分。通过采用分层架构、云计算架构、微服务架构等，系统能够更好地适应项目的需求，并提供稳定可靠的服务。

在功能模块设计中，实时监控模块、数据分析模块、报告与通知模块等都是确保系统能够全面、准确地监控项目进度的关键。此外，用户界面设计的直观性和用户友好性对于用户的使用体验至关重要。

数据隐私与安全保障是信息化设计中不可忽视的方面，通过身份验证、数据加密、安全审计等措施，可以有效保障项目信息的安全性。

总之，为了确保系统的有效使用，项目团队需要提供充分的技术支持与培训，并持续进行系统的更新与改进。通过这些综合措施，进度监控系统将更好地服务于项目管理的各个方面，从而提高项目的管理效率和成功实施率。

二、移动端应用在进度反馈中的应用

在现代项目管理中，实时的进度反馈对于项目的成功实施至关重要。移动端应用的广泛应用为项目团队提供了更灵活、高效的方式进行进度反馈。

（一）移动端应用的优势

1. 实时性和即时性

移动端应用具有实时性和即时性的特点，项目团队成员可以随时随地通过手机或平板设备进行进度反馈。这极大地提高了信息的传递速度，使得团队能够更快速地做出决策和调整计划。

2. 灵活性和便携性

移动端应用的灵活性和便携性是其显著的优势之一。团队成员无须依赖办公室的电脑，可以在项目工地、客户会议、出差等各种场景中随时随地进行进度反馈。这种灵活性大大提高了工作效率。

3. 多样化的功能

移动端应用可以整合各种功能模块，包括进度更新、任务分配、实时通知等。这种多样化的功能使得团队成员能够更全面地参与到项目的进度管理中，提高了整体的协同效率。

4. 数据采集和图像上传

通过移动端应用，团队成员可以方便地采集实地数据，并上传图片、图像等文件，丰富了反馈内容。这样的功能使得进度反馈更加直观、全面，有助于相关人员更准确地了解项目的实际情况。

（二）移动端应用在进度反馈中的功能特点

1. 实时进度更新

移动端应用允许团队成员实时更新项目进度。成员可以通过应用提交完成的任务、当前进度、遇到的问题等信息，这些信息将立即反映在项目管理系统中，供项目经理和其他团队成员查看。

2. 任务分配和优先级设置

移动端应用可以方便地进行任务分配和优先级设置。项目经理可以根据项目进展情况，及时调整任务分配，确保资源的合理利用。同时，团队成员能够及时了解自己的任务和优先级，提高工作的有序性。

3. 实时通知和沟通

移动端应用提供实时通知功能，可以通过推送通知或消息提醒，及时通知团队成员有关项目的重要信息、变更或紧急事件。这种实时的沟通方式有助于团队协同，避免信息滞后和误解。

4. 数据分析和报告生成

一些先进的移动端应用还具备数据分析和报告生成的功能。通过收集和分析移动端反馈的大量数据，系统可以生成报告、图表，为项目经理提供更全面、深入的项目洞察，帮助其做出更明智的决策。

移动端应用在项目进度反馈中的应用已经成为现代项目管理的重要工具。其具有实时性、灵活性、多样化的功能等优势，使得团队能够更高效地进行进度管理和协作。

未来，随着智能化技术、增强现实技术、区块链技术等的发展，移动端应用在进度反馈中的应用将迎来更多的创新。团队和项目经理需要关注这些新技术的发展趋势，以更好地适应未来项目管理的需求。移动端应用将继续在项目管理中发挥关键作用，助力项目团队更好地实现项目目标。

第三节　建设项目进度分析与优化的信息化手段

一、进度分析软件的选择与配置

在项目管理中，进度分析是确保项目按计划推进的重要环节。为了有效地进行进度分析，选择合适的进度分析软件并进行适当的配置是至关重要的。

（一）进度分析软件选择标准

1. 项目类型和规模

不同的项目类型和规模对进度分析软件的要求有所不同。一些软件更适用于大型工程项目，而另一些可能更适用于小型项目或敏捷开发。在选择软件之前，要评估项目的规模、复杂性及其所需的功能。

2. 用户需求和技能水平

了解项目团队的用户需求和技能水平是选择进度分析软件的关键。一些软件可能更适合技术熟练度较高的团队，而另一些则注重用户友好性，适用于技术水平相对较低的团队。

3. 功能需求

根据项目的特定需求确定所需的功能。一些基本的功能包括甘特图、资源管理、任务分配等，而更高级的软件可能提供成本分析、风险管理、实时协作等功能。选择软件时，要确保它能够满足项目的核心需求。

4. 兼容性和集成性

进度分析软件与其他项目管理工具和软件的兼容性是至关重要的。选择能够集成到项目生态系统中的软件，以确保顺畅的数据流动，避免信息孤岛。

5. 成本

成本是选择软件时的一个重要考虑因素。除了软件本身的许可费用外，还需要考虑培训、支持和维护的成本。选择符合预算并提供高性价比的软件是明智的决策。

（二）进度分析软件功能需求

1. 甘特图和时间轴

甘特图是进度分析的核心工具之一。选择软件时，应确保它能够提供直观的甘特图和时间轴，能够清晰展示任务的排列和时间关系。

2. 资源管理

良好的进度分析软件应该能够有效地管理项目资源，包括人力资源、设备、材料等的分配和调度，以确保项目按计划推进。

3. 任务分配和依赖关系

软件应具备任务分配和依赖关系管理的功能。团队成员能够清晰地了解分配给他们的任务，并理解任务之间的依赖关系，确保任务按序完成。

4. 实时协作和通信

为了提高团队的协作效率，进度分析软件应该支持实时协作和通信。这包括团队成员之间的实时聊天、评论、通知等功能，确保信息能够迅速传递。

5. 成本分析

对于一些项目，成本分析是至关重要的。进度分析软件应该能够集成成本数据，提供成本预测、成本控制等功能，以帮助项目经理做出经济合理的决策。

6. 风险管理

一些先进的软件提供风险管理功能，能够识别潜在的风险并采取预防措施。这有助于项目经理及早发现潜在问题，确保项目的顺利进行。

（三）进度分析软件配置步骤

1. 安装和部署

选择合适的进度分析软件后，首先需要进行安装和部署。这可能涉及在本地服务器或云平台上设置软件环境，应确保所有团队成员都能够访问。

2. 数据导入和导出

导入项目数据是配置软件的关键步骤之一。如果已经使用其他项目管理工具，应确保能够顺利导入现有的项目数据。同时，需要配置导出功能，以便将数据分享给相关方。

3. 用户权限和角色设置

在软件中配置用户权限和角色是保障信息安全的重要步骤。确保只有授权人员能够访问敏感信息，并根据团队成员的职责设置不同的角色，以限制其在软件中的操作权限。

4. 自定义字段和视图

根据项目的特定需求，进度分析软件通常提供一些默认的字段和视图。然而，为了更好地满足项目的需求，需要对软件进行配置，添加自定义字段和调整视图，以确保显示和捕捉项目关键信息。

5. 通知和提醒设置

配置通知和提醒是保持团队成员及时了解项目动态的重要步骤。设定任务完成、截止日期临近等触发通知的条件，确保团队在关键时刻能够及时响应。

6. 集成其他工具

如果团队使用其他项目管理工具、协作平台或通信工具，应配置软件以实现与这些工具的集成。这样可以确保信息在不同工具之间的无缝流动，提高工作效率。

7. 培训团队成员

在软件配置完成后，进行团队成员的培训是必不可少的一步。培训应涵盖软件的基本操作、高级功能的使用以及解决常见问题的方法，以确保团队成员能够充分利用软件，提高工作效率。

8. 数据备份和恢复策略

制定合理的数据备份和恢复策略，确保项目数据的安全性和可恢复性。定期进行数据备份并测试恢复流程，以防止意外数据丢失或系统故障。

（四）未来趋势

1. 人工智能的整合

未来，进度分析软件可能会更加智能化，以整合人工智能技术。通过机器学习算法，软件可以分析项目历史数据，提供预测性的进度分析和优化建议，帮助项目经理更好地做出决策。

2. 移动端和云服务的发展

随着移动端和云服务的发展，未来的进度分析软件可能会更加注重移动端的使用体验，并提供更强大的云服务支持。团队成员可以随时随地访问项目信息，提高工作的灵活性。

3. 区块链技术的应用

区块链技术的去中心化和不可篡改性使其在项目管理中的应用变得更为重要。未来的软件可能会采用区块链技术，确保项目信息的安全性和透明度。

4. 跨平台和协同工作

未来的趋势可能会更加强调跨平台和协同工作的特性。进度分析软件将更好地支持团队成员在不同设备上的协同工作，提供更流畅的体验。

选择合适的进度分析软件并进行有效配置对于项目的成功实施至关重要。在选择软件时，要考虑项目类型、规模、用户需求、兼容性等因素。配置软件时，要根据项目需求进行个性化设置，确保软件能够最大限度地满足团队的要求。

未来，随着技术的不断发展，进度分析软件将更加智能化、灵活化，从而更好地支持团队协作和决策。项目管理团队需要密切关注行业的发展趋势，及时更新软件和工作流程，以适应不断变化的项目管理环境。

二、数据挖掘技术在进度优化中的应用

在项目管理中，进度优化是确保项目按计划高效推进的关键环节。随着大数据时代的到来，数据挖掘技术在项目进度优化中的应用逐渐引起了广泛关注。

（一）数据挖掘技术概述

1. 数据挖掘定义

数据挖掘是从大量数据中发现隐藏模式、关系和信息的过程。通过应用各种算法和技术，数据挖掘可以揭示数据中的规律，为决策提供支持。

2. 数据挖掘过程

数据挖掘过程包括问题定义、数据采集、数据预处理、模型建立、模型评估和模型应用等步骤。这一过程的关键是通过合适的算法和技术，从数据中提取有用的信息。

3. 数据挖掘技术分类

数据挖掘技术可以分为分类、聚类、关联规则挖掘、回归分析等多个类别。这些技术可以根据具体问题的需求进行选择和应用。

（二）数据挖掘在进度优化中的原理和方法

1. 进度数据的采集和预处理

在进度优化中，首先需要采集和整理项目进度相关的数据。这可能涉及项目计划、实际执行情况、资源分配等多个方面的数据。在数据挖掘之前，需要对这些数据进行预处理，包括缺失值处理、异常值处理、数据归一化等。

2. 特征选择和提取

特征选择是从大量特征中选择对问题最有价值的特征，而特征提取则是通过某种方式将原始特征转换为新的特征。在进度优化中，选择合适的特征可以更好地反映项目的关键信息，提高数据挖掘模型的效果。

3. 模型建立

选择适当的数据挖掘模型是进度优化的关键一步。常用的模型包括决策树、支持向量机、神经网络等。这些模型可以根据具体问题的性质选择，并通过训练数据拟合出一个能够预测进度优化结果的模型。

4. 模型评估和优化

建立模型后，需要对模型进行评估，以确保其在实际应用中具有良好的性能。评估指标包括准确率、召回率、F1 值等。根据评估结果，可以对模型进行优化，提高其在实际项目中的适用性。

（三）数据挖掘在进度优化中的应用案例

1. 风险预测和调整

通过对项目历史数据进行挖掘，可以识别出导致项目进度延误的风险因素。基于这些因素，可以建立风险预测模型，及时采取措施调整项目进度，减小风险影响。

2. 资源优化

数据挖掘技术可以分析项目中不同资源的利用情况，找出资源利用效率低下的问题，并提出优化建议。通过合理分配资源，可以提高项目的整体效率。

3. 工期预测

利用历史项目数据和当前项目的实际进展情况，可以建立工期预测模型。这有助于项目经理更准确地估计项目完成时间，及时调整计划，确保项目按时交付。

4. 成本控制

数据挖掘技术可以分析项目成本与进度的关系，发现成本增长的趋势和影响因素。通过建立成本控制模型，可以更好地掌握项目成本的动态变化，做出合理的财务决策。

5. 任务优先级排序

在项目中，不同任务可能存在优先级和依赖关系。通过数据挖掘技术，可以分析任务之间的关系，建立任务优先级排序模型，确保关键任务得到及时处理，提高项目的整体效率。

（四）未来发展趋势

1. 智能化和自动化

未来，数据挖掘技术在进度优化中的应用可能会更加智能化和自动化。借助机器学习和人工智能技术，系统可以不断学习和优化模型，实现对进度的自动调整和优化。

2. 实时性和动态性

随着大数据和云计算技术的发展，未来的数据挖掘模型会更注重实时性和动态性。项目进度数据的实时更新和分析将成为可能，使项目经理能够更及时地做出决策。

3. 跨领域融合

未来的趋势是将数据挖掘技术与其他领域的技术进行融合，如物联网、区块链等。通过跨领域的融合，可以更全面地分析项目数据，提高进度优化的精确性和全面性。

4. 可解释性和透明性

未来的数据挖掘模型将更加注重可解释性和透明性。这意味着模型能够清晰地解释其预测结果的原因，使项目经理和团队成员能够理解模型的决策过程，增强对模型的信任度。

5.用户体验优化

随着用户体验设计的不断发展，未来的数据挖掘软件将更注重用户友好性和可视化。通过直观的界面和可视化结果，项目团队能够更容易理解和接受数据挖掘模型的输出。

数据挖掘技术在进度优化中的应用为项目管理带来了新的可能性。通过对大量项目数据的分析，可以发现隐藏在其中的规律和关联，从而提供更准确、实时的进度优化建议。未来，随着技术的不断发展，数据挖掘技术将在项目管理中发挥更为重要的作用。

项目经理和团队需要充分利用数据挖掘技术，从而更好地理解项目进度的动态变化，及时发现潜在的问题和风险。在选择和应用数据挖掘模型时，要结合具体项目的需求和特点选择合适的方法和算法。与此同时，要密切关注未来发展趋势，及时更新和优化数据挖掘模型，以适应不断变化的项目管理环境。通过合理利用数据挖掘技术，项目管理可以更加科学、智能地实现进度优化，推动项目的成功完成。

第八章　信息化在质量管理中的应用

第一节　质量计划的信息化制订与执行

一、质量管理体系与信息化标准

质量管理体系是组织为确保产品或服务符合一定质量标准而采取的一系列计划、流程和控制措施的体系化管理方法。随着信息化技术的发展，信息化标准在质量管理体系中的应用变得愈加重要。

（一）质量管理体系的基本概念

1.质量管理体系定义

质量管理体系是一个组织为实现、维持和改进产品或服务质量的一系列相互关联的活动、流程和资源的组合。它包括质量方针、质量目标、质量手册、程序文件、实施计划、资源分配等多个方面，通过这些方面的协同作用实现对质量的全面管理。

2.质量管理体系标准

国际上广泛使用的质量管理体系标准是 ISO 9001 系列标准。ISO 9001 是一种为组织提供建立、实施和持续改进质量管理体系的框架的标准。该标准强调过程方法、系统思维和不断改进的理念，使组织能够在提高产品或服务质量的同时提高效率和客户满意度。

（二）信息化在质量管理中的应用

1.自动化数据采集

信息化在质量管理中的首要作用是自动化数据采集。通过使用信息化系统，组织可以自动收集来自各个环节的质量相关数据，包括生产过程中的参数、产品的质量指标、客户反馈等。这有助于实时监测和记录质量信息，提高数据的准确性和及时性。

2. 实时质量监控

信息化系统使得质量监控可以实时进行。传感器、监测设备和信息化平台的结合，使得在生产过程中对关键指标进行实时监控成为可能。任何质量异常都能够立即被检测到，从而能够及时采取纠正措施，进而减少次品率、提高生产效率。

3. 数据分析与决策支持

信息化系统能够处理大量的质量数据并进行分析，为决策提供更有力的支持。通过数据挖掘、统计分析等方法，可以深入挖掘质量数据中的规律和趋势，帮助管理层做出更加科学的决策，提高质量管理的精细化程度。

4. 质量追溯与溯源

信息化系统提供了质量追溯与溯源的能力。在生产过程中，通过信息化系统记录关键环节的数据，出现产品质量问题时可以快速定位问题的源头。这有助于降低受影响产品的范围，提高问题追溯的精确性。

5. 在线质量管理

信息化系统支持在线质量管理，即通过网络实现对全球范围内生产过程的远程监控和管理。这使得跨地域的质量管理变得更加便捷，能够及时发现和解决不同地区的生产问题，提高整体质量水平。

（三）信息化在质量管理中的挑战

1. 数据安全和隐私问题

随着质量管理信息化的深入应用，大量敏感数据需要在系统中传输和存储，这带来了数据安全和隐私问题。恶意攻击、数据泄露等风险需要得到有效防范，同时，合规性和法规要求也是需要重点关注的方面。

2. 信息化系统的复杂性

信息化系统的建设和维护相对复杂，特别是在大型组织中。系统的集成、升级、故障排除等都需要专业的技术团队，而这也可能增加组织的运营成本和依赖性。

3. 技术更新和人员培训

随着信息化技术的不断更新，组织需要不断升级和更新其质量管理信息化系统，以保持系统的先进性。与此同时，员工的培训也是一个挑战，要确保他们能够充分利用信息化系统的功能。

4. 集成问题

信息化系统通常涉及不同业务环节和功能的集成，而这可能面临系统兼容性、数据一致性等方面的挑战。不同模块之间的无缝集成是信息化系统实现全面质量管理的重要前提。

（四）未来发展趋势

1. 物联网技术的应用

未来，物联网技术有望更广泛地应用在质量管理信息化中。通过将各种设备、传感器和生产设备连接到互联网，实现设备之间的实时数据交流和信息共享，从而实现更加智能化的质量管理。

2. 人工智能与大数据分析

人工智能和大数据分析技术将在质量管理信息化中扮演更为重要的角色。通过机器学习算法，系统可以不断学习和优化质量管理模型，预测潜在的质量问题，提高问题识别的精确性。大数据分析则有助于更全面、深入地分析质量数据，为决策提供更多的信息支持。

3. 区块链技术的应用

区块链技术的不可篡改性和去中心化特性使其在质量管理中的应用具有潜力。通过区块链可以建立不可篡改的质量溯源系统，确保生产过程中每一个环节的数据都得到安全存储，防止信息被篡改，提高质量数据的可信度。

4. 云计算的发展

云计算技术将进一步促进质量管理信息化的发展。云计算提供了弹性的计算资源和存储能力，使得组织可以更灵活地扩展和管理质量管理系统。同时，云平台的服务模式也有助于降低组织的信息化成本。

5. 移动化应用

移动化应用将成为质量管理信息化的重要趋势之一。通过移动设备，生产人员和管理层可以随时随地获取实时的质量数据、监控生产过程，并进行及时的决策和反馈。这有助于提高质量管理的敏捷性和灵活性。

质量管理体系与信息化标准的结合，为组织提供了更加全面、系统的质量管理手段。信息化在质量管理中的应用，使得质量管理变得更加精细化、智能化，这有助于提高产品或服务的质量水平。然而，信息化也面临着一系列的挑战，如数据安全、系统复杂性、技术更新等问题。

未来，随着物联网、人工智能、区块链等技术的不断发展，质量管理信息化将迎来新的机遇。物联网技术的应用将实现设备之间的全面连接，人工智能和大数据分析将提高质量管理的智能化水平，区块链技术将确保质量数据的可信度。同时，云计算和移动化应用的发展也将为组织提供更灵活、便捷的质量管理解决方案。

因此，组织应密切关注信息化技术的发展趋势，合理应用先进技术，不断提升质量管理水平。通过建立健全的质量管理体系，结合信息化标准，使质量管理成为组织的核心竞争力之一，推动企业持续发展。

二、质量计划软件的应用

质量计划是质量管理体系的关键组成部分，它旨在确保组织的产品或服务符合预定的质量标准和客户需求。随着信息化技术的不断发展，质量计划软件的应用在现代企业中变得越发重要。

（一）质量计划软件的定义与功能

1.质量计划软件定义

质量计划软件是一种专门设计用于制订、实施和监控质量计划的工具。它通过集成质量管理的各个方面，提供了一套全面的功能，以帮助组织确保其产品或服务的质量达到既定标准。

2.质量计划软件的功能

计划制订与执行：质量计划软件允许用户制订详细的质量计划，包括质量目标、质量政策、质量活动计划等，并支持计划的执行和跟踪。

文件管理：质量计划软件通常提供文档管理功能，方便用户组织和存储与质量计划相关的文件，确保文档的版本控制和一致性。

任务分配与跟踪：用户可以在质量计划软件中分配任务，并跟踪任务的完成情况。这有助于确保每个质量活动都得到适当的执行。

数据分析与报告：质量计划软件支持对质量数据的分析，生成各种报告，帮助用户监测和评估质量计划的实施效果，及时发现和解决问题。

合规性管理：通过整合相关法规和标准，质量计划软件可帮助组织确保其质量计划符合法规要求和行业标准。

培训与意识：提供培训资源和意识提升工具，确保团队成员了解质量计划的内容和目标，并能够有效地参与实施。

（二）质量计划软件的优势

1.效率提升

质量计划软件通过自动化质量管理流程，减少了烦琐的手工操作，提高了计划的执行效率。任务分配、进度跟踪和数据分析等过程都能够更加迅速和准确地被完成。

2.数据一致性

通过质量计划软件，所有相关的质量数据和文件都集中存储在一个系统中，确保了数据的一致性。不同团队成员可以共享相同的信息，避免了信息的分散和不一致。

3. 及时反馈

质量计划软件能够提供实时的任务进展和质量数据反馈。这使得管理层能够及时了解项目的状态，发现潜在问题，并采取相应的纠正措施，从而提高了管理层的决策效能。

4. 合规性管理

质量计划软件通常集成了相关的法规和标准，帮助组织确保其质量计划的合规性。系统会提醒用户关注和遵守相关法规，降低了违规风险。

5. 持续改进

质量计划软件支持数据分析和报告功能可以帮助组织识别质量计划中存在的问题和改进机会。通过持续的监测和分析，组织能够不断优化质量计划，提高质量水平。

（三）质量计划软件的应用场景

1. 制造业

在制造业中，质量计划软件可用于制订和执行生产线的质量管理计划。通过监测生产过程中的关键指标，及时发现并解决可能影响产品质量的问题。

2. 服务业

在服务业中，特别是在提供专业服务的机构中，质量计划软件可以用于规范服务流程、培训团队成员，并通过客户反馈数据进行质量评估。

3. 医疗行业

在医疗行业，质量计划软件可用于制订和执行医疗服务的质量计划，确保医疗流程和服务质量符合医疗标准和法规。

4. 建筑工程

在建筑工程领域，质量计划软件可以用于规范建筑过程中的各个阶段，确保施工质量达到设计要求和行业标准。

5. 研发和创新项目

在研发和创新项目中，质量计划软件有助于规范项目管理流程，确保项目成果的质量符合研发目标和客户需求。通过任务分配、进度跟踪和数据分析，团队可以更加有效地协同工作，从而提高项目的研发质量和创新水平。

（四）质量计划软件的选择与实施

1. 选择要考虑的因素

在选择质量计划软件时，组织需要考虑以下因素：

适应性：软件是否能够满足组织的具体质量管理需求，是否可以根据组织的特定流程进行定制。

用户友好性：软件的界面是否直观友好，易于使用。这将影响到团队成员的培训和软件的广泛应用。

集成性：软件能否与现有的企业系统（如 ERP 系统、项目管理系统）进行集成，以确保数据的一致性和流程的协同。

可扩展性：软件是否具有良好的可扩展性，以适应组织的业务发展和变化。

成本：软件的采购、实施和维护成本是否符合组织的财务预算。

安全性：软件是否有强大的安全性措施，以保护敏感的质量管理信息。

2. 实施步骤

一旦选择了合适的质量计划软件，实施的步骤如下：

需求分析：明确组织的质量管理需求，制订质量计划软件实施的详细计划。

系统定制：根据组织的实际情况，对质量计划软件进行必要的定制，以确保软件符合组织的流程和标准。

数据迁移：将现有的质量管理数据迁移到新的软件系统中，确保数据的完整性和准确性。

培训与推广：为团队成员提供质量计划软件的培训，推动软件的广泛应用。

监测与优化：定期监测软件的使用情况，收集用户反馈，进行系统优化和升级，确保软件的持续有效性。

（五）未来发展趋势

1. 人工智能与预测分析

未来，质量计划软件可能会集成更多的人工智能和预测分析技术。通过机器学习算法，软件可以分析历史数据、预测潜在的质量问题，从而帮助组织采取预防性措施，提高质量管理的效能。

2. 移动化应用

随着移动化应用的普及，未来的质量计划软件可能更加注重移动端的用户体验。团队成员可以随时随地通过移动设备查看质量计划、提交任务进展，提高了协同工作的灵活性和便捷性。

3. 区块链技术的应用

区块链技术的应用将为质量计划软件提供更高的数据安全性和可信度。通过区块链，质量管理的各个环节的数据都可以被安全存储，防止数据被篡改，增加数据的透明度。

4. 智能化决策支持

未来的质量计划软件可能提供更多智能化的决策支持功能。通过整合大量数据，软件可以为管理层提供更准确、全面的质量决策建议，助力组织不断提升质量水平。

质量计划软件作为质量管理体系的重要组成部分，为组织提供了一套全面的工具和功能，以确保产品或服务的质量达到既定标准。其优势在于提高效率、保证数据一致性、实现及时反馈、管理合规、推动持续改进等方面。在选择和实施质量计划软件时，组织需要充分考虑软件的适应性、用户友好性、集成性、可扩展性和成本等因素。

未来，随着人工智能、移动化应用、区块链技术等技术的不断发展，质量计划软件将迎来更多创新和发展。组织需要关注未来趋势，选择适应自身业务需要的质量计划软件，并灵活调整和优化其使用，以不断提升质量管理水平。

第二节　质量检测与监控的信息化手段

一、检测数据信息化采集与分析

在现代社会，检测数据在各行各业中都扮演着至关重要的角色。无论是生产制造、医疗健康、环境监测还是科学研究，都需要准确、可靠的检测数据来支持决策和改进。随着信息化技术的快速发展，检测数据的信息化采集与分析成为提高效率、精准决策的重要手段。

（一）检测数据信息化采集

1. 意义与重要性

检测数据信息化采集是指通过信息技术手段对检测仪器、设备产生的数据进行自动、高效、准确的采集和记录。这对于实时监测、数据追溯、分析决策都具有重要的意义。

实时监测与控制：信息化采集使得检测数据可以实时传输到数据中心或监测平台，实现对生产过程、环境变化等的实时监测，为即时决策提供支持。

数据追溯与溯源：通过信息化采集，每一次检测的数据都能够被准确记录，实现了数据的追溯与溯源。这对于追踪产品质量、溯源环境污染源等具有重要意义。

减少人工干预：自动采集可以减少人工手动记录的错误和漏洞、提高数据的准确性，降低了人为因素对检测结果的影响。

2. 采集方法与技术

（1）传感器技术

传感器是检测数据信息化采集的关键技术之一。各种类型的传感器（温度传感器、湿度传感器、压力传感器等）可以将实际环境中的物理量转换为电信号，并通过接口与信息系统相连，实现数据的自动采集。

（2）无线通信技术

无线通信技术的发展使得采集设备与信息系统之间的数据传输更加便捷。通过无线通信技术，采集设备可以远程传输数据，不受地理位置的限制，实现远程监测与管理。

（3）物联网技术

物联网技术是信息化采集的重要推动力之一。通过将各种检测设备与互联网连接，可以实现设备之间的信息交互与共享，从而构建一个庞大的物联网系统，提高检测数据的整体管理水平。

（二）检测数据信息化分析

1.意义与重要性

检测数据信息化分析是将采集到的大量数据进行整理、分析、挖掘，从中获取有价值的信息和规律。这对于科学研究、工业生产、环境监测等领域都具有重要的意义。

科学研究与发现：通过信息化分析，研究人员可以发现数据中的潜在规律、趋势，从而推动科学研究的进展，为新的发现提供支持。

质量控制与改进：在工业生产中，通过分析检测数据，可以发现生产过程中的问题和缺陷，有针对性地进行质量控制和改进。

环境监测与预警：在环境监测中，信息化分析可以帮助监测人员了解环境变化，预测可能发生的问题，从而提前采取措施防范风险。

2.分析方法与技术

（1）数据挖掘技术

数据挖掘技术是从大规模数据中自动发现隐藏模式和知识的过程。通过数据挖掘算法，可以识别数据中的规律，进行分类、聚类、关联分析等，从而发现数据背后的信息。

（2）人工智能与机器学习

人工智能和机器学习技术可以通过对检测数据的学习，建立模型来预测未来的趋势或结果。这对于实时决策和预测性维护具有重要作用。

（3）统计分析

统计分析是对检测数据进行概括和推断的方法。通过统计学的方法，可以对数据的分布、均值、方差等进行分析，从而获取对数据整体特征的认识。

（三）检测数据信息化采集与分析的应用

1.工业生产

在工业生产中，检测数据信息化采集与分析可以帮助企业监测生产过程中的各项指标，实现质量控制与提升。通过实时监测设备状态和产品质量，可以及时发现潜在问题，提高生产效率和产品质量。

2. 医疗健康

在医疗健康领域，检测数据信息化采集与分析广泛应用于临床诊断、患者监测和医学研究。医疗设备通过传感器采集患者的生理参数，同时信息化分析可以辅助医生进行诊断、实时监测患者状况，以及开展疾病研究。

3. 环境监测

在环境监测中，各种传感器被广泛应用于检测大气、水质、土壤等环境参数。通过信息化采集和分析，可以实时监测环境污染情况，及时预警并采取措施，保护生态环境。

4. 科学研究

科学研究领域利用检测数据信息化采集与分析推动了各个学科的发展。天文学、地球科学、生物学等通过大量数据的采集和信息化分析，实现了对宇宙、地球和生命的深入理解。

5. 交通运输

在交通运输领域，通过信息化采集和分析交通流量、车辆状态等数据，可以优化交通信号、提高交通运输效率，并且为智能交通系统的建设提供支持。

（四）未来发展趋势

1. 边缘计算与物联网融合

未来，边缘计算和物联网技术的融合将推动检测数据信息化采集更加智能化。传感器设备可以在边缘进行数据处理，减少对中心服务器的依赖，提高数据处理的效率和实时性。

2. 数据隐私与安全

随着信息化采集的广泛应用，数据隐私与安全将成为重要的关注点。未来的发展趋势将包括加强数据加密、建立更完善的权限管理机制，从而确保检测数据的隐私与安全性。

3. 多模态数据融合

未来的检测系统可能涉及多种传感器和数据源，包括图像、声音、视频等多模态数据。数据融合技术将更加成熟，以便实现不同数据源之间的有效交互与整合，提供更全面的信息。

4. 可解释性人工智能

随着人工智能技术的发展，对于检测数据的分析通常涉及深度学习等复杂算法。未来的趋势将包括研发可解释性更强的人工智能模型，以便更好地理解和信任模型的决策。

检测数据信息化采集与分析是推动各个领域发展的关键一环。通过信息化采集，可以实现对数据的实时监测和追溯；通过信息化分析，可以从大量数据中挖掘出有价值的信息和规律，为决策提供支持。未来，随着边缘计算、物联网、数据安全等技术的发展，检测数据的信息化采集与分析将更加智能、全面、安全。组织应关注并采纳新的技术趋势，充分发挥检测数据在提高效率、优化决策中的作用，以实现可持续发展。

二、检测仪器与传感器在质量监控中的应用

质量监控是生产制造和服务行业中至关重要的环节，它涉及产品的各个方面，包括制造过程、成品质量、环境监测等。为了确保产品达到预期标准，检测仪器与传感器作为关键的技术手段在质量监控中发挥着至关重要的作用。

（一）检测仪器与传感器概述

1.检测仪器

检测仪器是用于测量、检测和记录各种物理量或性质的设备。它们通过传感器采集现场信息，将其转换为可读的数字或图形，提供给操作人员或自动控制系统。检测仪器被广泛应用于制造业、医疗、环境监测等领域。

2.传感器

传感器是检测仪器的核心组成部分，它可以将感知的信息（如温度、压力、湿度、光强等）转换成电信号，以便测量和记录。传感器的类型多种多样，包括光电传感器、压力传感器、温度传感器等。

（二）检测仪器与传感器的原理与类型

1.检测仪器的原理

检测仪器的工作原理基于物理学、化学等自然科学原理。例如，光谱仪通过测量物质吸收或发射特定波长的光来确定其组成和性质；质谱仪通过分析物质的质荷比来鉴定其成分等。

2.传感器的原理与类型

（1）光电传感器

光电传感器是通过测量光的属性来检测目标物体的传感器。常见的光电传感器包括光电开关、光电编码器等。它们被广泛应用于自动化生产线、物流系统等领域。

（2）压力传感器

压力传感器用于测量气体或液体的压力。它的工作原理基于物体受力时产生的形变或电阻的变化。在汽车制造、航空航天等领域中，压力传感器被广泛用于引擎性能监测、液压系统控制等。

（3）温度传感器

温度传感器用于测量物体的温度。常见的温度传感器包括热电偶、热敏电阻等。在制造业中，温度传感器被用于控制熔化金属的温度，保证生产过程的稳定性。

（4）湿度传感器

湿度传感器用于测量空气中的湿度水平。它的应用范围包括气象观测、农业温室控制等。湿度传感器在食品、药品等生产中也起到了关键作用，有助于确保产品质量。

（三）检测仪器与传感器的优势

1. 实时监测

检测仪器与传感器能够实时采集数据，及时反馈监测对象的状态。这有助于在生产过程中发现问题、调整参数，确保产品质量。

2. 高精度

现代检测仪器与传感器具有高精度的特点，能够在微小范围内精准测量。这对于一些对精度要求极高的领域，如医疗设备制造、实验室研究等至关重要。

3. 自动化控制

检测仪器与传感器的应用使得许多生产过程实现了自动化控制。通过实时监测和反馈，自动控制系统可以调整生产参数，提高产品的生产效率和一致性。

4. 数据记录与分析

检测仪器与传感器产生的数据可用于记录和分析。这有助于制订更合理的生产计划、优化工艺流程，实现生产过程的持续改进。

（四）检测仪器与传感器在不同领域中的应用

1. 制造业

在制造业中，各种传感器和检测仪器被广泛应用于生产线的质量监控、产品装配、设备运行状态监测等方面。例如，通过使用视觉传感器检测产品表面缺陷，提高产品质量。

2. 医疗健康

医疗设备中常常使用各种传感器，如心率传感器、血压传感器、体温传感器等，监测患者的生理参数。这些数据可以帮助医生及时了解患者的健康状况，实现个性化治疗和精准医疗。

3. 环境监测

在环境监测中，各类传感器被用于检测大气中的污染物、土壤中的化学成分、水质等。这些数据有助于及时预警环境问题，保护生态系统的稳定性。

4. 汽车制造

汽车制造中广泛使用压力传感器、温度传感器等监测发动机的性能和车辆的运行状态。这有助于实时掌握车辆的工作情况，提高燃油效率，降低故障率。

5. 食品生产

在食品生产过程中，温度传感器、湿度传感器等被用于监测食品的保存环境，以确保食品质量。同时，光电传感器也用于检测包装是否完整，防止食品污染。

（五）挑战与未来发展

1. 数据安全与隐私

随着传感器和检测仪器的广泛应用，大量敏感数据被产生和传输，数据安全和隐私问题日益突出。未来的发展需要加强对数据的加密、安全传输等措施，确保信息的安全性。

2. 能耗与环保

检测仪器与传感器的使用需要消耗一定的能源，而且部分传感器制造过程可能会对环境造成影响。未来的发展应关注能源消耗和环保技术的创新，降低设备的能耗和环境负担。

3. 多模态数据融合

未来的趋势是不同类型传感器数据的融合，形成多模态数据，提供更全面、准确的信息。这将需要发展更复杂的数据融合算法和技术。

4. 智能化与人工智能

随着人工智能技术的发展，未来检测仪器与传感器将更加智能化，具备自学习、自适应的能力。这有助于提高设备的智能水平，从而更好地满足各种复杂环境下的监测需求。

检测仪器与传感器作为质量监控的核心工具，在制造业、医疗健康、环境监测等领域都发挥着不可替代的作用。它们具有的实时监测、高精度测量、自动化控制等特点，提高了质量监控的水平，保障了产品质量和生产效率。然而，未来的发展也面临一系列挑战，包括在数据安全、环境保护等方面。通过不断创新技术，加强安全保障，检测仪器与传感器将继续在质量监控领域发挥重要作用，推动产业的可持续发展。

第三节 不良事件处理与质量改进的信息化策略

一、不良事件信息化记录与分析

不良事件信息化记录与分析是在医疗领域中，对医疗事故、药物不良反应等不良事件进行系统化记录和深入分析的过程。随着信息技术的发展，医疗信息化系统的应用为不良事件的记录和分析提供了更为便捷和精准的工具。

（一）不良事件信息化记录的意义

1. 提高记录效率

传统的不良事件记录往往依赖纸质或零散的电子记录，存在记录不全、信息不准确等问题。通过信息化系统，可以实现对不良事件的快速、全面记录，提高记录效率。

2. 数据准确性

信息化记录系统能够规范记录的格式，减少人为错误的发生，提高数据的准确性。通过标准化的记录，可以更好地支持后续的分析工作。

3. 支持追溯和溯源

信息化系统记录的不良事件数据具有时间戳和溯源信息，有助于对事件的追溯和溯源。这对于分析事件发生的原因、制定改进措施具有重要意义。

4. 提高管理水平

信息化记录系统将不良事件数据集中管理，便于管理者对全院、全系统的不良事件进行监控和分析。这有助于及时发现问题、采取措施，提高医疗机构的管理水平。

（二）不良事件信息化记录系统的应用

1. 电子病历系统

电子病历系统是医疗信息化的重要组成部分，也是不良事件信息化记录的主要平台之一。医护人员可以在电子病历系统中记录患者的不良事件，包括药物不良反应、手术事故等。

2. 医疗事件报告系统

医疗事件报告系统是专门用于记录和报告医疗事故的系统。医护人员可以通过该系统向医疗机构报告不良事件，并将相关信息纳入数据库，供后续分析和管理使用。

3. 药物不良反应监测系统

药物不良反应监测系统主要用于记录患者在使用特定药物后发生的不良反应。通过该系统，医护人员可以实时监测患者的反应情况，并及时调整治疗方案。

4. 医疗质控系统

医疗质控系统整合了医疗过程中的各类数据，包括不良事件的记录。通过对这些数据的分析，可以评估医疗质量，发现问题并进行持续改进。

（三）不良事件信息化记录与分析的方法

1. 统计分析

统计分析是不良事件信息化记录与分析的基本方法之一。通过对不良事件的发生次数、发生趋势等进行统计分析，可以帮助医疗机构了解不良事件的整体情况。

2. 根本原因分析

根本原因分析旨在深入挖掘不良事件发生的根本原因。常用的根本原因分析工具包括鱼骨图、5W1H 分析法等，通过系统性的分析，找出问题的根源。

3. 人机环境工程学分析

人机环境工程学分析关注人、机器和环境之间的交互关系，旨在找出人为因素在不良事件中的作用。通过调查和观察，分析不良事件发生的背后是否存在人机环境交互问题。

4. 模糊综合评判法

模糊综合评判法结合了定性和定量的分析方法，通过建立模糊综合评判模型，对不良事件进行综合评价。这种方法考虑了不同因素之间的模糊性和不确定性。

（四）未来发展趋势

1. 数据挖掘与人工智能

未来，不良事件信息化记录与分析将更加注重数据挖掘和人工智能的应用。通过对大量的不良事件数据进行深度学习和模式识别，可以发现更为复杂的关联和规律，提高分析的深度和准确性。

2. 移动化与云计算

随着移动化和云计算技术的发展，不良事件信息化记录将更加便捷和灵活。医护人员可以通过移动设备随时随地记录不良事件，信息化系统也能够更好地实现数据的共享和存储。

3. 医疗大数据

医疗大数据的应用将为不良事件信息化记录与分析提供更丰富的数据来源。通过整合各类医疗数据，包括患者的病历信息、药物使用情况、手术记录等，可以更全面地了解不良事件发生的背景和关联因素，从而进行更深入的分析和预测。

4.智能辅助决策

未来不良事件信息化系统可能会加强对医护人员的智能辅助决策功能。通过引入智能算法和模型，系统可以提供实时的风险评估、警示和建议，帮助医疗团队更加迅速和准确地应对不良事件。

5.国际标准与共享

为了促进全球范围内的医疗信息共享和合作，未来可能会推动不良事件信息化记录的国际标准化。这将有助于不同国家和地区的医疗机构之间进行数据共享、经验交流，共同提高医疗质量。

不良事件信息化记录与分析在医疗领域中具有重要的意义，它有助于提高记录效率、数据准确性，支持追溯和溯源，提高管理水平。通过电子病历系统、医疗事件报告系统等信息化平台，医护人员能够更好地记录和报告不良事件。在分析方法上，统计分析、根本原因分析、人机环境工程学分析、模糊综合评判法等方法都有助于深入了解不良事件的发生原因。

未来，随着数据挖掘、人工智能、医疗大数据等技术的发展，不良事件信息化记录与分析将迎来更多的机遇和挑战。智能辅助决策、移动化与云计算的应用，以及国际标准与共享的推动，都将推动不良事件信息化记录与分析不断进步，为提高医疗质量、降低风险提供更为有效的支持。医疗机构和从业人员应积极采用和推动这些技术的应用，共同推动医疗信息化领域的发展。

二、质量改进系统的信息化支持

质量改进是组织不断提升产品、服务和流程的关键手段，旨在满足客户需求、提高效率、降低成本并促使组织持续发展。信息化技术在质量改进中的应用，通过提供数据、分析工具和自动化流程，为组织提供了更强大的支持。

（一）质量改进系统的信息化构建

1.数据收集与管理

构建质量改进系统的第一步是建立健全的数据收集与管理系统。这包括从各个环节收集相关数据，如生产过程数据、客户反馈、供应商信息等，建立数据库并进行有效管理。

2.数据分析工具

信息化系统应当配备强大的数据分析工具，以帮助组织深入理解数据。统计分析、趋势分析、假设检验等工具能够为决策者提供全面的数据支持，发现问题出现的根本原因。

3. 过程自动化

质量改进系统的信息化支持还应当包括过程自动化。通过引入自动化流程，可以降低人为错误、提高工作效率，确保改进措施的实施得以规范执行。

4. 反馈与学习机制

建立反馈与学习机制是质量改进系统信息化构建的重要组成部分。通过及时收集并分析改进措施的效果，不断优化改进方案，实现组织的持续学习与进步。

（二）信息化支持的优势

1. 实时监控

信息化系统使得质量数据能够实时收集和监控，使组织能够及时发现潜在问题，并迅速采取纠正措施，确保产品或服务的质量。

2. 数据精准性

信息化系统减少了手工操作的介入，降低了人为错误的可能性，提高了数据的准确性。这有助于组织更准确地评估质量状况，制订更有针对性的改进计划。

3. 深度分析

信息化系统配备先进的数据分析工具，可以进行更深层次的数据挖掘和分析，帮助组织深入了解潜在问题的原因，为制定有效的改进策略提供有力支持。

4. 效率提升

过程自动化和信息化系统的结合，可以提高质量管理的效率。自动收集、处理和反馈数据，节省了人力成本，使得质量改进过程更加高效。

（三）质量改进系统信息化的具体应用

1. 全面质量管理系统（TQM）

TQM 是一种以全员参与、全过程管理、全面质量控制为核心理念的管理体系。信息化系统可以支持 TQM 的实施，通过全方位的数据收集和分析，帮助组织实现全面质量管理。

2. 六西格玛（Six Sigma）

六西格玛是一种追求减少变异、提高过程稳定性的管理方法。信息化系统可以用于收集和分析生产过程中的数据，帮助组织发现问题、降低缺陷率，实现过程的六西格玛水平。

3.PDCA 循环（Plan-Do-Check-Act）

PDCA 循环是一种质量管理的循环过程。信息化系统可以用于计划阶段的数据分析、执行阶段的过程自动化、检查阶段的实时监控，以及行动阶段的反馈与学习。

4. 不良事件管理

通过信息化系统，组织可以对不良事件进行全面的记录、跟踪和分析。当不良事件发生时，系统能够快速记录事件细节，包括时间、地点、相关人员等信息。通过对这些信息的集中管理和分析，组织可以更好地理解不良事件的原因，并采取相应的改进措施，以预防类似事件再次发生。

5. 供应链管理

信息化系统在供应链管理中的应用也为质量改进提供了支持。通过对供应链各个环节的数据进行实时监控和分析，组织可以更好地管理供应商质量、降低供应链风险，从而提升整体质量水平。

（四）未来发展方向

1. 智能化与人工智能

未来，质量改进系统的信息化将更加注重智能化和人工智能的应用。通过引入智能算法和机器学习技术，系统能够更好地分析大量的质量数据，发现潜在问题并提供更精准的改进建议。

2. 区块链技术

区块链技术的应用将有助于改进质量管理的透明度和可追溯性。通过区块链的不可篡改性，可以确保质量数据的真实性，加强质量信息的可信度，进一步提高整体质量管理水平。

3. 移动化与云计算

随着移动化和云计算技术的不断发展，未来的质量改进系统将更加注重移动化应用和云端服务。通过移动端应用，管理人员可以随时随地监控质量状况，并及时做出反应。云计算则提供了弹性和可扩展性，以更好地支持大规模数据处理和存储需求。

4. 数据共享与协同

未来，质量改进系统的信息化发展方向还将包括更广泛的数据共享与协同。不同组织之间的质量数据可以通过共享平台进行交流，促进经验共享、行业合作，从而推动整个行业的质量水平不断提升。

5. 智能化决策支持

未来，质量改进系统的信息化将更加注重提供智能化决策支持。通过整合各类数据和智能算法，系统可以为管理人员提供更准确、快速的决策建议，帮助组织更有效地制订和执行改进计划。

质量改进系统的信息化支持在现代组织中扮演着重要的角色。通过建立健全的数据收集、分析和反馈机制，信息化系统可提供全面、实时的质量管理支持。实时监控、数据精准性、深度分析和效率提升是信息化支持的主要优势。具体应用方面，系统可以支持 TQM、六西格玛、PDCA 循环、不良事件管理、供应链管理等多个方面。未来的发展方向包括智能化与人工智能、区块链技术、移动化与云计算、数据共享与协同，以及智能化决策支持。这些发展方向将进一步提高质量改进系统的效能，为组织的可持续发展奠定更为坚实的基础。

三、信息化对项目质量文化的塑造

在现代项目管理中，项目质量文化的塑造对于确保项目成功和可持续发展至关重要。信息化技术的迅猛发展为项目管理提供了强大的支持，同时也深刻影响了项目团队的文化建设。

（一）信息化对项目质量文化的影响

1. 数据的透明性和可追溯性

信息化系统为项目提供了更加透明和可追溯的数据环境。项目团队可以实时监测和查看项目各个阶段的数据，包括质量指标、问题追踪、测试结果等。这种透明性有助于团队更好地了解项目的状态，及时发现和解决问题。

2. 沟通和协作的便捷性

信息化工具使得团队成员之间的沟通和协作更加便捷。通过项目管理平台、在线协作工具和即时通信软件，团队成员可以随时随地分享信息、讨论问题、共同制定解决方案。这促进了信息的共享和知识的传递，有利于形成共同的质量价值观。

3. 数据分析和决策支持

信息化系统提供了强大的数据分析工具，有助于从大量数据中提取有关项目质量的关键信息。团队可以通过数据驱动的方法制定决策，更科学、更客观地进行质量管理。这有助于培养基于数据的决策文化，提高项目质量管理的精准度。

4. 效率和流程优化

信息化系统使得项目流程更加自动化和规范化。自动化流程、工作流程和任务分配等功能有助于减少人为错误，提高工作效率。通过信息化工具，团队能够更专注于质量管理的核心任务，推动质量文化的深入发展。

（二）具体实践

1. 制定明确的质量指标和标准

在信息化的支持下，项目团队可以更容易地制定明确的质量指标和标准。通过项目管理平台，可以建立和监测关键的质量指标，确保整个团队对项目质量有共同的认识。这有助于形成统一的质量标准和文化。

2.引入自动化的测试和检测工具

信息化技术为自动化测试和检测提供了便利。引入自动化的测试工具可以更快速、准确地发现潜在的质量问题。团队可以通过不断优化这些工具提高测试效率，培养团队成员对自动化测试的认同和积极参与。

3.实施持续集成和持续交付

持续集成和持续交付是信息化时代敏捷开发和质量管理的核心实践。通过自动化构建和部署，项目团队能够更加频繁地发布产品，及时修复缺陷，提高项目质量。这也促使团队形成更加迭代和持续改进的质量文化。

4.采用协同工具和知识管理平台

协同工具和知识管理平台有助于项目团队共享质量管理的最佳实践和经验。通过这些平台，团队成员可以分享解决问题的方法、总结项目经验，从而形成团队共同认同的质量管理文化，促进团队学习与成长。

（三）未来发展趋势

1.智能质量管理系统

未来，随着人工智能技术的发展，智能质量管理系统将成为项目管理的新趋势。这种系统可以通过学习和分析历史数据，预测潜在的质量问题，提前采取措施，从而推动项目质量文化朝着更加智能和更可预测的方向发展。

2.区块链技术的应用

区块链技术的引入可以增强质量数据的可信度和透明度。通过区块链，项目团队可以确保质量数据的真实性，有效应对数据篡改和造假，从而提高整体的质量管理水平。

3.虚拟和增强现实的运用

虚拟和增强现实技术有望为项目团队提供更直观的质量管理体验。通过虚拟现实，团队可以模拟项目执行过程中的质量问题，提前发现并解决潜在的挑战。增强现实技术可以将实时的质量数据叠加在实际项目场景中，帮助团队更直观地了解项目质量状况，加深对质量文化的理解。

4.数据驱动决策的强化

未来，数据驱动决策将更加深入地贯穿项目管理的各个方面。通过信息化系统的支持，项目团队将更加注重从数据中获取洞察力，从而制定更科学、更可靠的质量管理策略。这也将推动团队朝着更加注重事实、证据和结果的方向发展。

5.教育培训的全面普及

随着信息化技术的普及，质量管理的教育培训将更加便捷和全面。在线培训、虚拟培训和基于云平台的学习资源将更加丰富和多样化，使团队成员能够灵活学习和更新质量管理知识，推动项目质量文化的深刻根植。

　　信息化对项目质量文化的塑造具有深远的影响，为团队提供了更多的工具和机会，以推动质量文化的发展和进步。通过数据透明性、沟通协作的便捷性、数据分析和决策支持、效率和流程优化等方面的提升，信息化促使团队更加注重质量管理，形成共同的质量价值观。

　　具体实践中，制定明确的质量指标和标准、引入自动化的测试和检测工具、实施持续集成和持续交付、采用协同工具和知识管理平台等措施都有助于质量文化的塑造。未来，智能质量管理系统、区块链技术的应用、虚拟和增强现实的运用、数据驱动决策的强化及教育培训的全面普及等趋势将进一步推动项目质量文化的不断升级。因此，项目管理团队应积极借助信息化技术，不断优化质量管理流程，推动团队成员形成共同的质量观念，促使质量文化在项目中深入贯彻，以最终实现项目质量的全面提升。

第九章 项目经济信息化管理的具体应用

一、信息化平台架构与模块设计

随着信息技术的不断发展，信息化平台在各个领域扮演着越来越重要的角色。一个设计良好的信息化平台可以为组织提供高效的数据管理、协同工作和决策支持。

（一）信息化平台架构设计

1. 分层架构

信息化平台的分层架构是一种常见的设计模式，通常包括以下层次：

（1）表现层

表现层是用户直接交互的界面，包括网页、移动应用等。设计响应式界面，支持多设备访问，提升了用户体验。

（2）应用层

应用层包含业务逻辑和处理，负责接收用户请求，调用相应的服务和模块完成业务逻辑。采用微服务架构可以使应用层更容易扩展和维护。

（3）服务层

服务层提供核心的业务服务，如用户认证、数据存储、消息队列等。这些服务可以采用独立的服务或者云服务，确保平台的可伸缩性和弹性。

（4）数据层

数据层包括数据库和存储系统，负责数据的存储、检索和管理。采用分布式数据库和数据缓存技术可以提高系统的性能和可靠性。

2. 微服务架构

微服务架构是一种将应用拆分为小而独立的服务单元的架构风格。每个微服务都可以独立开发、部署和扩展，有助于提高平台的灵活性和可维护性。微服务之间通过API进行通信，实现了松耦合。

3. 云计算

云计算提供了弹性和可扩展的计算资源，使得信息化平台可以根据需求动态调整资源。采用云服务可以减少硬件成本，提高系统的可用性和灵活性。

4. 安全性考虑

在架构设计中要充分考虑安全性，包括数据加密、身份认证、访问控制等措施。采用防火墙、入侵检测系统等安全工具，可以确保信息化平台的安全性。

（二）信息化平台模块设计

1. 用户管理模块

用户管理模块负责用户的注册、登录、权限管理等功能。这一模块通常包括用户数据库、认证服务和访问控制服务。采用单点登录（SSO）技术可以提高用户体验。

2. 数据管理模块

数据管理模块涉及数据的存储、检索和处理。这包括数据库设计、数据仓库、数据缓存等。数据管理模块应该考虑数据的安全性、一致性和可用性。

3. 业务处理模块

业务处理模块包括各种业务逻辑的处理，如订单管理、支付处理、消息通知等。采用微服务架构可以将不同的业务逻辑划分为独立的服务，以提高系统的可维护性。

4. 协同工作模块

协同工作模块涉及团队协作、文件共享、即时通信等功能。这一模块应该支持多人协同编辑、版本控制和实时通信。

5. 报表与分析模块

报表与分析模块负责生成各类报表、图表以及对数据进行分析。采用数据仓库和在线分析处理（OLAP）技术可以提供高效的报表和分析功能。

6. 集成与扩展模块

集成与扩展模块是信息化平台的开放接口，允许第三方系统和应用集成。提供API和开发者文档，支持插件和扩展，使得平台更容易与其他系统集成。

（三）模块设计的最佳实践

1. 模块化设计原则

高内聚低耦合：每个模块应该专注于完成一个明确的任务，避免模块之间过度依赖，以提高模块的独立性和可复用性。

接口设计：模块之间的接口应该清晰、简单，以降低模块间集成的难度。

可测试性：每个模块应该易于测试，包括单元测试和集成测试，以确保模块的质量和稳定性。

2. 模块设计的最佳实践

模块间通信：模块之间的通信方式应当选择适合业务需求的方式，如同步调用、异步消息队列等。这有助于提高系统的响应性和扩展性。

容错与恢复：模块设计应当考虑容错和恢复机制，确保系统在面临异常情况时能够保持稳定运行。采用事务管理、备份和灾难恢复等手段，可提高系统的可靠性。

性能优化：对于频繁访问的模块，应该进行性能优化，包括数据库索引的优化、缓存的使用、负载均衡等。这有助于提高系统的响应速度和吞吐量。

3. 安全性设计

身份认证与授权：用户管理模块需要实现安全的身份认证和授权机制，确保只有合法的用户能够访问系统，并根据用户角色授予相应的权限。

数据加密：数据管理模块应当采用适当的加密算法，对敏感数据进行加密存储，以保障数据的安全性。同时，在数据传输过程中也要使用安全通信协议。

防御性编程：在业务处理模块中，要采用防御性编程的方法，避免常见的安全漏洞，如 SQL 注入、跨站脚本攻击等。通过对用户输入进行有效验证和过滤，确保系统免受恶意攻击。

4. 可扩展性设计

微服务拆分：在微服务架构中，业务处理模块可以拆分为独立的微服务，每个微服务专注于一个特定的业务功能。这有助于提高系统的可扩展性和灵活性。

云计算资源管理：采用云计算的架构，可以根据实际需求动态调整计算资源。合理利用云服务的弹性特性，可确保系统在面临高负载时能够灵活扩展。

模块化开发：每个模块应当以独立的方式开发和部署，保持相对独立性。这有助于各模块的独立升级和替换，提高系统的可维护性和可扩展性。

二、数据集成与共享的技术挑战

随着信息技术的不断发展，数据在各个领域中的应用变得越来越广泛。然而，不同系统、平台和组织中的数据往往存在分散、异构的情况，因此数据集成与共享成为一个关键的问题。

（一）技术挑战

1.数据格式与标准

异构数据格式：组织中的数据可能以不同的格式存在，如关系型数据库、NoSQL数据库、文本文件等。数据格式的异构性是一个常见的挑战，需要寻找通用的方法来处理各种格式的数据。

缺乏标准：在不同系统中，数据的定义和表示方式可能不同，缺乏统一的标准。这导致了数据集成过程中需要解决数据映射、转换的问题，增加了集成的复杂性。

2.数据质量与一致性

数据质量问题：数据集成可能引入数据质量问题，如重复数据、不一致的数据、缺失的数据等。确保数据的准确性和完整性是一个挑战，需要采取有效的质量控制措施。

一致性挑战：在分布式系统中，由于数据的分布和异步性，确保数据的一致性变得更加困难。需要谨慎管理数据在不同系统中的更新和同步，以避免不一致性。

3.数据安全与隐私

安全问题：数据集成涉及不同系统之间的数据传输和共享，因此数据的安全性成为一个重要的问题。确保数据在传输和存储过程中不被非法访问和篡改是一个挑战。

隐私挑战：数据集成可能涉及不同组织之间的数据共享，需要确保敏感信息得到适当的保护。制定有效的隐私保护策略，同时遵循相关法规，是一个复杂的问题。

4.数据集成技术

实时集成：实时数据集成要求系统能够在数据产生的同时进行集成和处理，这需要高效的实时集成技术和处理流程。

批量集成：对于大规模数据集成，批量处理是一种常见的方式。然而，确保批量集成的性能和效率仍然是一个挑战。

5.大数据与复杂性

大数据处理：随着数据规模的不断增大，处理大数据成为一个挑战。有效地存储、查询和处理大规模数据集成需要采用适当的大数据处理技术。

复杂性问题：在企业中，涉及的系统和应用可能非常复杂，涉及多层次、多维度的数据集成。解决复杂性问题需要设计灵活且可扩展的集成架构。

（二）技术解决方案

1.数据格式与标准

数据格式转换工具：使用数据格式转换工具可以帮助处理异构的数据格式。这些工具能够将数据从一种格式转换为另一种格式，实现不同系统之间的数据互通。

制定数据标准：在组织内部或跨组织间制定统一的数据标准是解决标准化问题的一种方式。采用行业标准和数据交换协议有助于减少数据集成时的不一致性。

2. 数据质量与一致性

数据清洗工具：数据清洗工具可以用来检测和纠正数据质量问题。这些工具能够识别重复数据、缺失数据、不一致的数据，并进行相应的处理。

数据一致性算法：在分布式系统中，采用一致性算法来确保不同节点上的数据保持一致性。常见的算法包括分布式事务、Paxos算法等。

3. 数据安全与隐私

加密技术：使用加密技术对数据进行加密，保障数据在传输和存储中的安全性。采用合适的加密算法可以有效防止数据泄露和非法访问。

权限控制：引入严格的权限控制机制，以确保只有授权的用户能够访问特定的数据。细粒度的权限控制可以提高系统的安全性。

4. 数据集成技术

实时集成平台：使用实时集成平台可以支持实时数据流的集成和处理。这些平台提供了强大的实时数据处理和分析能力，满足实时数据集成的需求。

ETL（Extract, Transform, Load）工具：ETL工具被广泛用于批量数据集成。这些工具可以先从不同源头提取数据，再进行必要的转换和处理，然后加载到目标系统中。

5. 大数据与复杂性

大数据处理框架：使用大数据处理框架如Hadoop、Spark等，可以有效处理大规模数据集成。这些框架提供了分布式计算和存储的能力，使得处理大量数据更加高效。

数据仓库：数据仓库是一种用于存储和管理大量结构化数据的系统。通过建立数据仓库，组织可以更好地进行数据集成、查询和分析，提高了数据的可用性和可靠性。

服务导向架构（SOA）：SOA是一种基于服务的架构，通过将功能划分为独立的服务单元，提高了系统的灵活性和可维护性。SOA有助于实现系统的松耦合，便于数据集成。

6. 制定数据治理策略

数据治理框架：制定和实施数据治理框架是确保数据集成和共享有效性的关键。数据治理涉及数据管理的全生命周期，包括数据质量、安全性、隐私保护等方面。

元数据管理：元数据是描述数据的数据，对于数据集成非常重要。通过建立元数据管理系统，可以记录数据的来源、含义、格式等信息，有助于提高数据集成的透明度和可维护性。

（三）发展趋势

1.人工智能和机器学习应用

随着人工智能和机器学习技术的不断发展，将其应用于数据集成领域成为一种趋势。通过引入智能算法，系统可以更好地理解和适应不断变化的数据结构，提高数据集成的自动化水平。

2.区块链技术的整合

区块链技术的特点，如去中心化、不可篡改、可追溯，使其成为解决数据集成中安全性和一致性问题的潜在方案。区块链可以用于建立可信的数据交换机制，确保数据的安全性和完整性。

3.边缘计算和物联网

随着边缘计算和物联网技术的普及，数据不仅在中心数据中心产生，还会在边缘设备上产生。因此，数据集成将不仅是中心化的处理，还需要考虑边缘计算和物联网环境中的数据集成问题。

4.开放标准和云原生技术

采用开放标准和云原生技术是推动数据集成的发展的关键。开放标准有助于不同系统之间更好地实现互操作性，云原生技术则提供了更灵活、可扩展的架构。

数据集成与共享在当今数字化时代变得越发重要，但同时也面临着一系列的技术挑战。有效解决这些挑战需要采取多层次的策略，包括数据格式标准化、质量控制、安全性保障等。未来，随着新技术的不断涌现，数据集成将迎来更多创新和改进，为各行业提供更加高效、智能的数据管理解决方案。

三、信息化平台对项目全生命周期的支持

随着信息技术的快速发展，信息化平台在项目管理中的应用日益广泛。信息化平台为项目提供了全生命周期的支持，从项目的规划和立项阶段到执行和监控阶段，再到项目的收尾和总结阶段，都能够为项目团队提供高效、协同的工作环境。

（一）项目规划和立项阶段

在项目的规划和立项阶段，信息化平台扮演着关键的角色，支持项目团队制定明确的目标、计划和策略。

1.项目目标的设定

信息化平台可以提供协同工作的环境，项目团队成员可以共同讨论和制定项目的目标和愿景。通过在线协作和实时反馈，可以迅速达成一致，确保项目目标明确并得到全体成员的理解。

2. 项目计划的制订

利用信息化平台的项目管理工具，团队可以更轻松地制订项目计划。通过在线甘特图、任务列表和里程碑的设定，团队成员能够清晰了解项目的时间表和工作分配，提高计划的可视化和透明度。

3. 资源分配和预算控制

信息化平台可以帮助团队进行资源分配和预算控制。通过集成资源管理和财务管理模块，项目经理可以更好地了解资源的利用情况和预算执行情况，及时调整计划以应对变化。

4. 风险管理和评估

利用信息化平台的协同和沟通功能，项目团队能够更及时地发现和评估潜在风险。在线讨论和风险登记可以帮助团队制订有效的风险应对计划，提高项目的整体抗风险能力。

（二）项目执行和监控阶段

在项目执行和监控阶段，信息化平台提供了协同、监控和反馈的工具，使团队能够更加紧密地合作，实时了解项目的进展。

1. 协同工作环境

信息化平台提供了多种协同工作的工具，包括在线文档编辑、实时聊天、视频会议等。这些工具可以帮助项目团队成员实时共享信息、加强沟通，从而提高协同效率。

2. 进度追踪和报告

通过信息化平台的项目管理工具，团队可以方便地追踪项目进度。实时的进度报告和仪表板展示使项目经理能够随时了解项目的状态，及时调整计划和资源分配。

3. 质量管理和控制

信息化平台支持项目团队进行质量管理和控制。在线质量检查表、问题跟踪系统等工具帮助团队及时发现和解决质量问题，确保项目交付的成果符合预期质量标准。

4. 变更管理和决策支持

在项目执行阶段，变更是不可避免的。信息化平台提供的变更管理工具可以帮助团队追踪和管理变更请求，确保变更得到适当的评估和批准。此外，决策支持系统可以为项目经理提供数据支持，辅助其做出明智的决策。

（三）项目收尾和总结阶段

在项目收尾和总结阶段，信息化平台支持团队对项目的回顾和学习，为未来的项目提供经验教训。

1.项目文档和知识管理

信息化平台提供的文档管理和知识库功能可以帮助团队整理和存档项目文档，包括计划、报告、会议记录等。这有助于项目的后续管理和团队知识的传承。

2.项目回顾和反馈

通过在线的项目回顾和反馈工具，团队成员可以分享对项目的看法和建议。这种实时的反馈机制有助于发现问题和改进团队的工作方式，为未来的项目提供经验教训。

3.绩效评估和报告

信息化平台的绩效评估工具可以帮助团队对项目成果进行评估，并生成详尽的报告。这些报告可以用于向项目相关方展示项目的绩效和成果，为项目的成功提供有力的证据。

4.项目培训和技能提升

信息化平台支持在线培训和技能提升。通过学习管理系统，团队成员可以随时随地获取项目管理和相关领域的知识，从而提高团队的整体素质。

（四）未来发展趋势

1.人工智能的应用

人工智能技术将在信息化平台中发挥更大的作用。通过引入自然语言处理、机器学习等技术，平台可以自动分析和理解大量的项目数据，提供智能化的建议和决策支持。例如，智能项目助手可以根据项目历史数据预测潜在风险、推荐最佳实践，并优化资源分配。

2.区块链技术的整合

区块链技术的整合将提升信息化平台的数据安全性和可信度。通过区块链的不可篡改性，可以确保项目数据的真实性，防止数据被篡改。区块链还可以用于项目合同的智能化执行，提高合同履约的透明度和可靠性。

3.跨平台集成和云服务

未来的信息化平台将更加注重跨平台集成和云服务。通过采用标准化的 API 和云原生架构，项目团队可以轻松集成不同的工具和服务，实现更加灵活和高效的工作流程。云服务的弹性和可伸缩性也将成为信息化平台的重要特征。

4.数据分析与预测

信息化平台将更加强调数据分析和预测能力。通过数据分析工具，平台可以深入挖掘项目数据中的模式和趋势，提供更准确的项目预测和决策支持。数据驱动的项目管理将成为未来的主流趋势。

5.移动端应用与智能助手

移动端应用和智能助手将更好地服务于项目团队的移动办公需求。团队成员可以随时随地通过移动设备访问项目信息、参与协作，并通过语音或文本与智能助手进行交互。这将进一步提高团队的灵活性和工作效率。

信息化平台对项目全生命周期的支持已经成为现代项目管理的重要组成部分。从项目的规划和立项、执行和监控，到项目的收尾和总结，信息化平台为团队提供了协同、监控、反馈等一系列功能，极大地提高了项目管理的效率和质量。随着人工智能、区块链、云服务等新兴技术的应用，信息化平台将不断演进，为项目团队提供更加智能、可信赖的工作环境，助力项目取得更大的成功。

第二节　创新的合同管理与供应链协同

一、合同管理平台的定制与升级

合同管理是企业重要的组织与监督手段之一，有效的合同管理可以提高企业运营效率、降低风险，并保障合作双方的权益。为了更好地适应企业特定需求，合同管理平台的定制与升级变得至关重要。

（一）合同管理平台定制的必要性

1.企业独特需求

每个企业在合同管理方面都可能有独特的需求和业务流程。定制合同管理平台可以确保系统与企业的具体需求完全契合，提高管理效率，减少不必要的操作步骤，更好地支持业务流程。

2.法规和合规性

不同行业和地区的法规要求可能不同，合同管理平台需要定制以满足相关法规和合规性的要求。通过合规性的定制降低法律风险，确保合同的合法有效执行。

3.提升用户体验

定制合同管理平台可以根据用户的实际使用情况和反馈，提升用户体验。个性化的界面设计、智能化的操作流程等都可以通过定制来满足用户的需求，提高用户满意度，降低培训成本。

（二）合同管理平台定制的流程

1. 需求分析

在定制合同管理平台之前，需要进行充分的需求分析。这包括对企业业务流程的深入了解、明确合同管理的具体需求、梳理相关法规和合规性要求，以及获取用户反馈。

2. 系统设计

基于需求分析的结果进行系统设计。这包括界面设计、功能模块划分、数据流程设计等。设计阶段需要充分考虑系统的灵活性和可扩展性，以适应未来的业务变化。

3. 开发与定制

根据系统设计进行开发与定制工作。这可能涉及前端界面的开发、后端数据库的设计与优化、业务逻辑的编码等一系列工作。在此阶段，团队需要紧密协作，确保定制工作符合预期。

4. 测试与验证

完成开发与定制后进行系统测试。这包括功能测试、性能测试、安全测试等。系统测试目的是验证系统是否符合预期，是否满足用户需求和法规要求。

5. 部署与培训

通过合同管理平台的定制需要将系统部署到生产环境中，同时进行相关的培训工作，确保用户能够熟练使用新系统，顺利过渡到定制版本。

（三）合同管理平台升级的技术要点

1. 技术架构更新

合同管理平台升级时需要考虑是否更新技术架构。新的技术架构可能提供更好的性能、安全性和可维护性，例如，从传统的单体架构升级到微服务架构。

2. 数据库优化

随着业务的发展，合同管理平台中的数据量可能会不断增加。升级时需要考虑数据库的优化，包括索引的建立、查询性能的优化、数据存储的压缩等，以确保系统在大规模数据下仍能高效运行。

3. 安全性提升

随着网络攻击日益增多，合同管理平台的安全性至关重要。升级时需要考虑是否加强系统的安全性，包括加强身份认证、加密通信、定期漏洞扫描等。

4. 用户体验优化

升级时可以考虑优化用户体验，引入更现代化的界面设计和交互方式。通过用户反馈和市场趋势提升系统的易用性，增加用户满意度。

5. 智能化技术引入

升级时可以考虑引入智能化技术，如人工智能、自然语言处理等。通过智能化技术可以实现合同内容的自动识别和分类、智能推荐合同条款等功能，提高系统的智能化水平。

（四）未来趋势

1. 区块链技术的应用

未来，合同管理平台可能会更加广泛地应用区块链技术。区块链的去中心化、不可篡改等特点可以提高合同的安全性和可信度，防止合同纠纷和数据篡改。

2. 移动化和云端化

未来，合同管理平台的发展趋势可能会更加注重移动化和云端化。随着移动设备的普及和云计算的发展，用户希望能够随时随地方便地进行合同管理，因此平台可能会更加注重移动端应用和云服务。

3. 大数据与数据分析

未来，合同管理平台的发展将更加关注大数据和数据分析的应用。通过收集、存储和分析大量的合同数据，平台可以为企业提供更深入的洞察，帮助它们做出更明智的决策。数据分析可以用于合同履行的监控、风险预测以及合同条款的优化等方面，以提升整体管理水平。

4. 自动化流程与智能合同

未来，合同管理平台有望更加智能化，引入自动化流程和智能合同技术。自动化流程可以通过预定的规则和触发条件，实现合同审批、执行和监控的自动化，减少人为操作、提高效率。智能合同则结合了人工智能和区块链等技术，能够自动执行合同条款、自适应变更，并提供更为灵活和安全的合同管理方案。

5. 生态系统建设

未来，合同管理平台可能会发展成为更加完整的生态系统，与其他企业应用和服务进行深度整合。通过与财务、供应链、人力资源等系统的无缝连接，实现信息的流通与共享，形成全方位的企业管理解决方案，提高整体协同效能。

合同管理平台的定制与升级是企业持续提高合同管理效率、降低风险的关键步骤。通过深入的需求分析、系统设计、开发与定制、测试与验证、部署与培训等流程，企业能够定制出符合自身需求的合同管理平台。同时，在升级过程中关注技术架构更新、数据库优化、安全性提升、用户体验优化和智能化技术引入等方面，使合同管理平台保持与时俱进。

未来，合同管理平台将朝着更加智能、移动化、云端化、大数据与数据分析、自动化流程与智能合同、生态系统建设等方向发展。企业需要不断关注行业趋势，灵活调整合同管理平台的定制和升级策略，以更好地适应快速变化的商业环境，提升管理水平，实现业务的可持续发展。

二、供应链协同系统的创新应用

随着全球化和数字化的发展，供应链管理成为企业竞争的关键因素之一。传统的供应链管理已经无法满足日益复杂和变化迅速的市场需求，因此，供应链协同系统的创新应用成为提高效率、降低成本、增强竞争力的重要手段。

（一）供应链协同系统概述

1. 定义

供应链协同系统是一种通过信息技术实现的、整合多个供应链参与方资源和信息的系统。该系统通过数据共享、实时沟通和协同决策，帮助企业更好地协同供应链中的各个环节，提高整体效率和灵活性。

2. 特点

信息透明度：供应链协同系统通过共享实时数据，使各参与方对供应链的情况有清晰的了解，降低了信息不对称的风险。

实时协同：提供实时协同工具，使供应链各环节之间能够迅速响应市场变化、协同决策，提高反应速度。

智能分析：利用数据分析和人工智能技术对供应链数据进行深入挖掘，为决策提供更准确的支持。

资源整合：整合供应链上下游的资源，包括供应商、制造商、物流公司等，以实现资源的最优配置。

（二）供应链协同系统的优势

1. 成本降低

供应链协同系统通过提高供应链的透明度和协同效率，降低了因信息不畅通而导致的库存积压、生产过剩等问题，从而降低了整体运营成本。

2. 生产效率提高

实时协同和智能分析使得生产计划更加精准，减少了因市场需求波动而导致的产能浪费，提高了生产效率。

3. 供应链风险管理

供应链协同系统使企业能够更好地监控和评估供应链中的各种风险，包括原材料供应不稳定、物流中断等，从而可提前制订风险应对计划，降低潜在风险对企业的影响。

4. 客户满意度提升

通过实时协同，供应链协同系统使企业能够更好地响应客户需求变化，提高交货准时率，增强客户满意度。

（三）供应链协同系统的创新应用

1. 区块链技术在供应链协同中的应用

区块链技术的去中心化、不可篡改和智能合约等特性，使其在供应链协同中有着广泛的创新应用。通过区块链，可以建立起一个透明、可追溯的供应链网络，降低信息不对称的问题。智能合约可以自动执行合同条款，实现全流程的自动化。

2. 物联网在供应链实时监控中的运用

物联网技术可以连接和监控整个供应链中的物理设备，实现对供应链环节的实时监控。通过传感器、RFID 等技术，可以实时追踪物流运输的状态、仓库存储条件等信息。这种实时监控有助于提高供应链的可视性，快速发现和应对潜在问题，提升整体运作效率。

3. 人工智能在需求预测和计划优化中的应用

人工智能在供应链协同系统中的应用，尤其在需求预测和计划优化方面，给企业带来了创新的可能。通过对大量历史数据的学习，人工智能可以提高对未来需求的准确预测能力。同时，智能算法可以优化供应链的生产计划，根据实时的市场变化进行灵活调整，以最大化资源利用率。

4. 云计算支持供应链协同平台

云计算技术为供应链协同系统提供了强大的支持。通过云平台，供应链各参与方可以实现更加灵活的信息共享和协同工作，无论是跨地域的供应商合作还是多方协同决策都变得更加便捷。云计算还使得供应链协同系统更容易进行扩展和升级，以适应不断变化的业务需求。

5. 集成创新

供应链协同系统的创新应用也体现在集成创新上。不同的技术和系统之间的集成，使得企业能够充分利用各种资源和信息。例如，将供应链协同系统与企业内部的 ERP 系统、物流管理系统、财务系统等进行无缝集成，实现了全面的信息流畅通。

（四）挑战与未来发展趋势

1. 挑战

尽管供应链协同系统带来了许多优势和创新，但在实际应用中仍然面临一些挑战。其中包括：

数据安全与隐私保护：大量敏感数据的共享可能引发数据安全和隐私问题，需要建立完善的安全机制和合规规定。

技术标准和互操作性：不同企业和供应链参与方使用不同的技术标准和系统，互操作性成为一个挑战，需要行业制定更统一的技术标准。

人员培训与接受度：引入新技术需要相关人员进行培训，并提高他们对新系统的接受度，这可能需要额外的投入和时间。

2. 未来发展趋势

智能合约和区块链深度整合：随着区块链技术的不断发展，供应链协同系统将更深度地整合智能合约和区块链技术，提高供应链数据的可信度和透明度。

智能化决策支持：未来，供应链协同系统将更加注重智能化决策支持，利用先进的数据分析和人工智能技术，为企业提供更准确的决策支持。

生态系统建设：未来，供应链协同系统将发展成为更加庞大的生态系统，吸引更多的参与方加入，实现更全面的资源整合和信息共享。

可持续发展：在供应链协同的发展中，可持续性将成为一个关键因素。企业将更加注重供应链的环保、社会责任和经济效益的平衡。

供应链协同系统的创新应用给企业的管理和运营带来了深远的影响。通过区块链、物联网、人工智能等新技术的应用，企业可以实现供应链的高度透明和实时协同，提高了整体效率、降低了成本，并在激烈的市场竞争中取得了竞争优势。未来，随着技术的不断发展和应用场景的扩展，供应链协同系统将继续发挥创新的作用，为企业的可持续发展提供有力支持。

三、信息化对合同执行与供应链协同的优化

随着信息技术的不断发展，信息化已经成为企业管理和运营中不可或缺的一部分。在这个信息化的时代，合同执行与供应链协同作为企业重要的管理环节，其优化离不开信息技术的支持。

（一）信息化对合同执行的优化

1. 定义

合同执行是指在合同签订后，各方按照约定的条款履行合同义务的过程。信息化对合同执行的优化，即通过信息技术手段，提高合同执行的效率、透明度和可控性。

2. 关键技术

（1）智能合同

智能合同是基于区块链技术的一种合同形式，通过自动化执行合同条款，减少了人工干预的可能性。智能合同的引入提高了合同执行的自动化程度，降低了违约风险。

（2）电子签名

电子签名技术使得合同的签署过程更加便捷和安全。通过数字签名技术，可以确保签署方的身份真实性，防止合同被篡改，提高了合同执行的安全性。

（3）数据分析与监控

利用数据分析技术对合同执行过程中的数据进行深入挖掘，可以及时发现潜在的问题和风险。监控系统的建立使得合同执行的进度、质量等方面能够得到实时跟踪。

3.优势

（1）提高执行效率

信息化优化合同执行使得合同的签署和履行过程更加高效，减少了烦琐的手动操作，提高了执行效率。

（2）降低风险

智能合同和电子签名等技术的应用减少了合同执行中可能出现的错误和纠纷，降低了合同履行的法律风险。

（3）提升透明度

信息化使得合同执行的过程更加透明，参与方可以实时了解合同执行的状态和进度，减少了信息不对称带来的问题。

（二）信息化对供应链协同的优化

1.定义

供应链协同是指供应链各个环节之间通过信息共享、实时沟通和协同决策，提高整体效率和灵活性的一种管理模式。信息化对供应链协同的优化即通过信息技术手段实现供应链各参与方之间更加紧密的协同合作。

2.关键技术

（1）物联网技术

物联网技术通过连接和监控整个供应链中的物理设备，实现对供应链环节的实时监控。这种实时监控有助于提高供应链的可视性，从而快速发现和应对潜在问题。

（2）大数据分析

大数据分析技术可以处理和分析大量的供应链数据，挖掘其中的规律和趋势。通过对数据的深入分析，可以更好地进行需求预测、库存优化等决策，提高供应链协同的效果。

（3）云计算

云计算技术为供应链协同提供了强大的支持。通过云平台，供应链各参与方可以实现更加灵活的信息共享和协同工作，无论是跨地域的供应商合作还是多方协同决策都变得更加便捷。

3.优势

（1）提高协同效率

信息化优化供应链协同使得供应链中的各个环节能够更加紧密地协同合作，提高了整体协同效率，缩短了交货周期。

（2）实现即时响应

物联网技术的应用使得供应链能够实现对市场变化的即时响应。通过实时监控，供应链可以更迅速地调整生产计划、库存策略，以适应市场需求的变化。

（3）降低库存成本

大数据分析技术的运用有助于更准确地进行需求预测，优化库存管理，减少过多的库存积压，降低了库存成本。

（三）挑战与未来发展趋势

1.挑战

（1）数据安全与隐私保护

随着信息化的深入应用，数据安全和隐私保护成为一个重要的挑战。特别是在合同执行和供应链协同中涉及大量敏感信息，如何确保数据的安全性和隐私性仍然是一个需要解决的问题。

（2）技术标准与互操作性

在信息化优化中，涉及多方合作和多个系统的集成，技术标准和互操作性成为一个挑战。不同企业使用不同的技术标准和系统，如何实现系统之间的无缝集成，需要行业制定更统一的技术标准。

2.未来发展趋势

（1）区块链在合同执行中的应用

随着区块链技术的不断发展，未来将更广泛地应用于合同执行领域。区块链的去中心化和不可篡改的特性，有助于提高合同的安全性和可信度，并减少纠纷。

（2）人工智能在供应链协同中的深度应用

未来，人工智能将在供应链协同中发挥更大的作用。通过深度学习算法，人工智能可以更准确地进行需求预测、生产计划优化，提高供应链协同的智能化水平。

（3）精益供应链的推广

精益供应链管理理念将更广泛地应用于供应链协同中。通过精益的原则，企业可以优化整个供应链的流程，减少浪费、提高效率，实现更加灵活和响应迅速的供应链协同。

信息化对合同执行与供应链协同的优化是企业提高管理效率、降低成本、增强竞争力的重要手段。通过对智能合同、物联网、大数据分析等关键技术的应用，企业可以实现合同执行和供应链协同的全面优化。然而，随着信息化的不断发展，企业也面临着数据安全、技术标准、互操作性等方面的挑战。未来，随着区块链、人工智能等新技术的不断成熟和应用，合同执行与供应链协同将迎来更多创新和发展机遇，为企业带来更多的价值。企业应积极拥抱信息化，不断优化和创新管理模式，以适应日益复杂和变化迅速的市场环境。

第三节　风险管理与实时应急预案执行

一、风险管理信息化平台的建设

随着全球经济不断发展和市场环境越来越复杂多变，企业在经营过程中面临着各种各样的风险。风险管理作为企业管理的重要组成部分，需要有系统化、科学化的手段进行支持。信息化平台的建设为风险管理提供了更加高效、精准的工具。

（一）风险管理信息化平台的定义

1. 风险管理概述

风险管理是指在不确定性和潜在损失的情况下，通过识别、评估、控制和监测风险，达到组织目标的过程。它涵盖了多个层面，包括财务风险、战略风险、操作风险等，需要企业在各个层级进行有效的管理。

2. 信息化平台的概念

信息化平台是指运用信息技术手段，通过集成、共享、分析和展现信息，提供一系列服务和支持，以满足企业内外部信息化需求的平台。在风险管理领域，信息化平台主要用于辅助企业对各种风险的监测、分析、决策和应对。

3. 风险管理信息化平台

风险管理信息化平台是基于信息技术构建的一套系统，旨在帮助企业更好地识别、评估、处理和监控风险。这一平台整合了多种信息源，提供了全面、实时的风险管理支持，以帮助企业在不断变化的环境中做出明智的决策。

（二）风险管理信息化平台的关键技术

1. 大数据分析

大数据分析是风险管理信息化平台的重要组成部分。通过对大量数据的采集、存储和分析，平台能够识别潜在风险因素、发现异常情况，为企业提供全面的信息支持。大数据分析技术还可以用于建立风险预测模型，提前发现可能出现的风险事件。

2.人工智能与机器学习

人工智能和机器学习技术在风险管理中具有巨大潜力。通过对历史数据的学习，这些技术可以自动识别模式和规律，帮助企业更准确地预测风险、制定决策策略，并在实时监测中进行智能分析。

3.区块链技术

区块链技术的去中心化和不可篡改的特性使得它在风险管理中具有独特的优势。通过将关键信息以区块链的形式记录，可以增强数据的安全性和可信度，防止数据被篡改，提高风险信息的透明度。

4.数据可视化

数据可视化技术通过图表、仪表盘等形式将复杂的风险信息呈现出直观、易懂的图形化界面。这有助于管理层和决策者更好地理解风险状况，快速做出反应。

（三）风险管理信息化平台的优势

1.实时监控与预警

风险管理信息化平台通过对大量数据的实时监控，能够迅速发现潜在的风险信号，并通过预警机制及时通知相关人员。这有助于企业在风险发生前采取措施，降低损失。

2.综合分析与决策支持

平台整合了多种数据源和技术手段，能够进行综合分析，为企业提供全面的风险信息。这有助于决策者更准确地评估风险，制定科学的决策策略，提高决策的精准度和效果。

3.提高工作效率

风险管理信息化平台通过自动化的数据处理和分析，减轻了人工的工作负担，提高了工作效率。人工智能和机器学习的应用使得平台能够更快速地从海量数据中提炼出有用信息，减少了人为的主观干扰。

4.数据共享与协同

风险管理信息化平台促进了企业内外部的数据共享和协同。不同部门之间可以共享风险信息，形成一个整体协同的管理体系。这有助于企业更全面地了解风险状况，做出一致的决策。

（四）风险管理信息化平台的实际应用

1.金融行业

在金融行业，风险管理信息化平台被广泛应用于银行、保险等领域。通过实时监测市场波动、交易数据及客户行为，平台能够及时识别潜在的财务风险，为金融机构提供有效的风险管理工具。同时，大数据分析和机器学习技术也被运用于信用评估、反欺诈等方面，提高了金融机构对风险的识别和应对能力。

2. 制造业

在制造业中，风险管理信息化平台有助于监控生产流程、供应链状况以及设备运行状态。通过实时数据的采集和分析，平台能够预测生产中可能出现的问题，提前制定应对方案，降低了生产风险。同时，区块链技术的应用也在保障供应链透明度和防范供应商风险方面发挥了作用。

3. 医疗行业

在医疗行业，风险管理信息化平台可以用于患者数据的安全管理、医疗资源的分配优化以及疾病暴发的监测预警。通过整合医疗数据，平台可以帮助医疗机构更好地管理患者信息，提高数据的准确性和安全性。大数据分析技术也能够用于疾病传播趋势的预测，从而可提前制定防控策略。

4. 能源行业

在能源行业，风险管理信息化平台可以用于监测能源生产过程中的安全风险、环境风险及市场风险。通过实时监控设备运行状态、采集环境数据，平台能够识别潜在的危险因素，降低事故发生的概率。同时，平台也能够帮助企业在市场波动中及时调整能源生产和销售策略。

（五）挑战与未来发展趋势

1. 挑战

（1）数据隐私与安全

随着风险管理信息化平台涉及的数据越来越多，数据隐私和安全问题成为一个亟待解决的挑战。平台需要采取有效的措施，保护用户和企业的敏感信息，防止数据泄露和滥用。

（2）技术标准与互操作性

风险管理信息化平台涉及多个领域的技术，不同供应商可能采用不同的技术标准，导致平台之间互操作性差。制定更统一的技术标准，以提高平台之间的互操作性，是一个需要解决的挑战。

2. 未来发展趋势

（1）区块链在风险管理中的深度应用

未来，随着区块链技术的不断发展，其在风险管理信息化平台中的应用将更加深入。区块链的去中心化和可追溯的特性有望增强数据的安全性和透明度，为风险管理提供更可信的支持。

（2）预测性分析与人工智能的进一步融合

未来的风险管理信息化平台将更加注重预测性分析和人工智能的应用。通过对历史数据的深度学习，平台可以更准确地预测未来可能发生的风险事件，提供更具有前瞻性的决策支持。

（3）数据治理与合规性

随着数据管理的重要性不断凸显，未来的风险管理信息化平台将更加关注数据治理和合规性。平台需要建立健全的数据管理机制，确保数据的合法、规范和安全使用，以满足法规和行业标准的要求。

风险管理信息化平台的建设对于企业有效应对各类风险、提高决策效率至关重要。通过整合大数据分析、人工智能、区块链等关键技术，平台能够为企业提供实时监控、综合分析和全面决策支持。

二、应急预案执行系统的实时监控

随着社会的不断发展和企业经营环境的日益复杂，灾害、事故等突发事件的发生成为企业面临的现实挑战。为了更有效地应对突发事件，企业需要建立完善的应急预案，而应急预案执行系统的实时监控作为应急管理体系的关键组成部分，能够提供实时、精准的信息，帮助企业在紧急情况下及时做出决策，以降低损失，保障员工安全和业务持续运营。

（一）应急预案执行系统的定义

1.应急预案概述

应急预案是指在突发事件发生时，为了减轻损失、保障人员安全和财产安全，组织内部提前设立的一系列预先设计的应对措施和执行步骤。它涵盖了对各种突发事件的应对策略、责任分工、资源调配等方面的规划，是企业在危机时刻保障正常运营的关键工具。

2.应急预案执行系统

应急预案执行系统是建立在信息化技术基础上的，用于实时监控、管理和执行应急预案的系统。它通过整合各类信息源，提供可视化的界面，支持实时数据的监控和分析，帮助企业在紧急情况下迅速做出决策，有效应对各种突发事件。

（二）应急预案执行系统的关键功能

1.实时监控与报警

应急预案执行系统应具备实时监控功能，能够实时获取与突发事件相关的信息。同时，系统需要设置智能报警机制，一旦发现异常情况，能够及时发出报警通知，通知相关责任人采取相应的措施。

2.信息整合与共享

系统需要整合各类信息，包括但不限于天气信息、员工位置信息、设备状态等，形成一个全面的信息库。同时，应支持信息的共享，确保相关部门和人员能够及时获取所需信息，协同应对突发事件。

3. 任务指派与责任追踪

系统应能够根据应急预案的内容，自动进行任务指派，并追踪责任人的执行情况。这有助于确保应急预案的各项措施得到有效执行，避免因信息不畅通或责任不明确而导致的失误。

4. 通信与协同工具

系统需要提供多样化的通信和协同工具，如实时语音通话、视频会议等，以便在紧急情况下进行有效的沟通和协同。这有助于提高信息传递效率，确保各方能够及时取得共识。

（三）应急预案执行系统的技术支持

1. 云计算与大数据分析

云计算技术能够为系统提供高可用性、弹性伸缩的基础设施支持，确保系统在突发情况下依然能够正常运行。大数据分析技术则可以帮助系统从海量数据中提取有用信息，支持实时监控和预测分析。

2. 物联网技术

物联网技术可用于实时监控各类设备、传感器的状态，包括但不限于火灾报警系统、监控摄像头、气象站等。通过物联网技术，系统能够获取更为精准的实时数据，提高监控的准确性。

3. 移动端应用

移动端应用是应急预案执行系统的重要支持手段。相关责任人可以通过手机或平板随时随地获取系统信息、接收报警通知，并进行任务指派和协同工作。这有助于在紧急情况下更加迅速地响应。

4. 区块链技术

区块链技术的去中心化和不可篡改的特性可以帮助确保系统中的信息安全性，尤其是在信息共享和责任追踪方面，区块链技术可以提供更为可信的基础。

（四）应急预案执行系统的优势

1. 实时响应

应急预案执行系统能够实时监控各类信息，一旦发生突发事件，系统可以立即发出报警，使企业能够在最短的时间内做出应对决策，从而降低损失。

2. 信息全面

系统整合了各类信息源，提供了全面的信息支持，包括天气状况、员工位置、设备状态等多维度信息。这有助于企业更全面地了解突发事件的影响范围和程度，为决策提供更为准确的依据。

3.任务协同

应急预案执行系统通过任务指派和责任追踪功能,实现了对各项任务的协同执行。相关责任人可以清晰了解自己的任务和职责,实现团队的高效协同,确保预案措施的有序执行。

4.数据安全

系统采用云计算、物联网和区块链等技术,能够提高系统的稳定性和数据的安全性。通过加密和去中心化的手段,确保系统中的重要信息不易被篡改和泄露,从而维护企业的数据安全。

5.移动化应用

移动端应用的支持使得相关责任人能够随时随地获取系统信息,响应突发事件。这种灵活性有助于在紧急情况下及时采取行动,提高应对突发事件的效率。

（五）应急预案执行系统的实际应用

1.政府机构

政府机构是应急预案执行系统的主要应用领域之一。政府需要通过该系统监控天气、地质、公共交通等方面的信息,提前预警和应对自然灾害、事故等突发事件,确保公众的安全。

2.企业

在企业层面,特别是在制造业、化工业等高风险行业,应急预案执行系统可以帮助企业监控生产设备状态、化学品储存条件等信息,一旦发生意外,能够迅速采取措施,减少生产中断和人员伤害。

3.医疗机构

医疗机构需要通过应急预案执行系统监控医疗设备、病房状态等信息,及时应对突发疾病暴发或设备故障,确保医疗服务的正常进行,保障患者安全。

4.交通运输

在交通运输领域,特别是航空、铁路等领域,应急预案执行系统能够监控交通流量、车辆状态等信息,一旦出现事故或异常情况,能够及时采取措施,保障乘客的安全。

（六）挑战与未来发展趋势

1.挑战

（1）数据集成难题

不同部门、系统中的数据格式和标准不一致,导致数据集成难度增加。如何有效整合来自多个数据源的信息,是应急预案执行系统需要解决的挑战之一。

（2）复杂多变的环境

突发事件的发生受到多种因素的影响，环境因素的复杂性和不确定性增加了系统的难度。系统需要具备更强大的分析能力来应对各种可能的情景。

2. 未来发展趋势

（1）智能化与自动化

未来的应急预案执行系统将更加智能化，通过引入人工智能和自动化技术，实现对突发事件的自动识别和响应。例如，利用机器学习算法预测突发事件的发生概率，提前采取相应的措施。

（2）数字孪生技术的应用

数字孪生技术是一种将现实世界中的对象、系统或过程以数字形式进行建模、仿真和分析的技术。在应急预案执行系统中，数字孪生技术可以应用于对建筑结构、设备状态等进行虚拟建模，实现对实际场景的高度模拟。通过数字孪生技术，系统可以更加准确地模拟突发事件的发展过程，提高预案的精准性和实用性。

（3）区块链技术的加密与溯源

随着区块链技术的发展，其在应急预案执行系统中的应用将更加广泛。区块链的去中心化和不可篡改的特性可以用于确保信息的安全性，同时通过溯源功能，能够帮助系统更清晰地追踪事件的发生过程，提高信息的可信度。

应急预案执行系统的实时监控是企业和机构应对突发事件的关键一环。通过整合先进的技术手段，建立高效、智能的系统，可以提高应急响应的速度和准确性，降低损失，保障人员的生命安全和财产安全。随着科技的不断发展，未来的应急预案执行系统将更加智能化、数字化，能够更好地适应复杂多变的应急场景，成为企业和社会安全管理的得力工具。同时，系统在实际应用中还需不断解决数据集成、环境复杂性等挑战，不断引入新技术，以提升系统的综合应用能力，为更安全、高效的突发事件应对提供更多可能性。

三、信息化对项目风险管理的全程支持

项目风险管理是项目管理中至关重要的一环，旨在识别、评估、规划和监控项目中可能发生的风险，以确保项目能够在规定的时间、成本和质量范围内成功完成。信息化技术在项目风险管理中的应用为项目团队提供了更全面、高效的支持，使得风险管理能够贯穿项目的全程，实现更为精准的风险识别和及时的应对措施。

（一）项目风险管理概述

1.项目风险的定义

项目风险是指在项目执行过程中，由于内外部因素的不确定性，可能对项目目标的实现产生负面影响的潜在事件。这些事件可能影响项目的进度、成本、质量、范围等方面，需要项目团队采取相应的措施进行管理和应对。

2.项目风险管理的目标

项目风险管理的主要目标是在项目周期内及时、有效地识别、评估和应对潜在的风险，最大限度地降低负面风险的发生概率和影响，提高项目的绩效和成功的可能性。

（二）信息化技术在项目风险管理中的应用

1.数据采集与风险识别

信息化技术通过实时的数据采集和处理可以帮助项目团队更全面、及时地识别潜在风险。项目团队可以利用项目管理软件、数据分析工具等，对项目相关数据进行监控和分析，发现可能对项目产生影响的风险因素。

2.模拟与预测分析

信息化技术支持项目团队利用模拟和预测分析工具，对各种风险情景进行建模和预测。通过模拟不同的项目执行路径和可能的风险发生情景，团队可以更好地理解潜在风险的影响，从而制定更为有效的风险应对策略。

3.风险评估与优先级排序

信息化技术能够支持风险评估过程，包括对风险的可能性、影响程度的量化分析。利用数据分析和统计工具，项目团队可以更客观、科学地评估各个风险的重要性，确定优先级，有助于合理分配资源进行风险应对。

4.实时监控与反馈

项目风险管理不是一次性的活动，而是需要持续监控和调整的过程。信息化技术支持项目团队通过实时监控项目执行情况，及时获取新的风险信息，并提供即时的反馈。这有助于团队迅速做出反应，调整风险应对策略。

5.文档管理与知识共享

信息化技术提供了更便捷的文档管理和知识共享平台，项目团队可以将风险管理的相关文档、经验教训、最佳实践等信息集中管理，为团队成员提供参考和学习的资源，以提高整个团队的风险管理水平。

（三）信息化对项目风险管理的全程支持

1. 项目立项阶段

在项目立项阶段，信息化技术可以支持项目团队进行初步的风险识别和评估。通过历史数据分析、市场调研等手段，系统可以帮助团队了解项目可能面临的外部环境和潜在风险，为后续的规划和决策提供参考。

2. 项目规划阶段

在项目规划阶段，信息化技术可用于制订详细的风险管理计划。团队可以利用项目管理软件制订风险管理计划，明确风险管理的目标、流程、责任人和预算。此外，模拟工具可以帮助团队在制订计划时考虑各种可能的风险情景。

3. 项目执行阶段

在项目执行阶段，信息化技术通过实时监控项目进度、成本和质量等方面的数据，帮助团队及时发现和响应风险。项目管理软件可以生成实时的项目仪表板，清晰地展示项目的整体状况，特别是与风险相关的指标。

4. 项目监控与控制阶段

在项目监控与控制阶段，信息化技术提供了更强大的工具，用于风险的实时监控和反馈。通过自动化的数据采集和分析，系统可以及时发现潜在的风险信号，通过预警机制通知项目团队。同时，模拟工具和预测分析可以帮助团队预测未来可能的风险，为及时制订相应计划提供支持。

5. 问题解决与风险应对阶段

在项目面临问题和风险应对阶段，信息化技术提供了多种手段来支持团队的决策和行动。协同工具和实时通信平台可以促进团队成员之间的沟通和协作，确保风险应对措施的快速执行。此外，数据分析工具可以帮助团队分析应对措施的效果，以便及时调整和优化。

6. 项目总结与知识管理阶段

在项目结束后的总结与知识管理阶段，信息化技术通过文档管理、经验教训库等功能，帮助团队总结项目经验，记录风险管理的成功实践和教训。这些信息对于未来类似项目的风险管理具有重要的参考价值，实现了项目风险管理经验的积累和传承。

（四）信息化技术在项目风险管理中的关键应用

1. 人工智能（AI）与机器学习（ML）

人工智能和机器学习技术在项目风险管理中的应用日益广泛。通过对大量历史项目数据的学习，机器学习模型可以识别潜在的风险因素，预测未来可能发生的风险，并为决策提供数据支持。人工智能还可以自动化风险识别的过程，提高识别效率和准确性。

2. 大数据分析

大数据分析技术可以处理海量的项目数据，挖掘数据中隐藏的模式和关联性。在项目风险管理中，大数据分析可以帮助团队更全面地理解项目的运行状况，发现潜在的风险信号。同时，大数据分析还支持风险优先级的排序和更精准的风险评估。

3. 智能传感技术

智能传感技术通过实时监测项目执行过程中的各种参数，将实际情况与计划进行比较，以及时发现异常情况。这有助于项目团队更早地察觉潜在的风险，并采取相应的措施。例如，利用物联网设备监测工地的安全状态，以便及时发现潜在的安全风险。

4. 云计算和移动技术

云计算和移动技术使得项目团队能够随时随地访问项目信息，实现实时协作。团队成员可以通过移动设备查看项目的实时数据，参与在线会议，快速响应风险事件。云计算还提供了灵活的计算和存储资源，且支持大规模数据分析。

（五）信息化对项目风险管理的优势

1. 提高风险识别的准确性

信息化技术通过数据采集和分析，能够更全面、准确地识别潜在风险。与传统的人工经验相比，信息化技术能够处理更多的数据源，挖掘更深层次的信息，提高了风险识别的准确性。

2. 提升风险评估的科学性

信息化技术支持风险的量化评估，通过数据分析、模拟和预测分析，使得风险评估更具科学性。团队可以利用各种工具对风险的可能性、影响程度等进行量化分析，为制定合理的风险应对策略提供依据。

3. 实现实时监控和迅速响应

信息化技术提供实时监控和反馈机制使得项目团队能够更快速地发现和响应风险。实时数据的展示和预警系统的建立，使得团队能够在风险发生之前做出相应的调整，降低风险带来的负面影响。

4. 促进团队协同和知识共享

信息化技术提供了协同工具和知识管理平台，促进了团队成员之间的协作和知识共享。团队可以共同参与风险管理计划的制订和执行，通过文档管理系统记录和传递风险管理的经验和教训，提高整个团队的风险管理水平。

参考文献

[1] 华斌，吴诺，徐滨彦．政务信息化项目建设管理 [M]．北京：中国轻工业出版社，2021.

[2] 韩玉麒，高倩．建设项目组织与管理 [M]．成都：西南交通大学出版社，2019.

[3] 经宏启，陈赛红，李小明．工程经济管理 [M]．合肥：安徽大学出版社，2019.

[4] 石振武，程有坤．道路经济与管理 [M]．2 版．武汉：华中科技大学出版社，2020.

[5] 张诚，谢衍．物流管理与信息技术融合项目研究 [M]．北京：中国科学技术出版社，2019.

[6] 荀照杰．项目投资与企业管理 [M]．北京：中国经济出版社，2021.

[7] 沈建明，陶俐言．中国国防项目管理知识体系 [M]．北京：机械工业出版社，2017.

[8] 张飞涟．建设工程项目管理 [M]．武汉：武汉大学出版社，2015.

[9] 彭岩．复杂工程的项目管理优化方法研究 [M]．上海：同济大学出版社，2019.

[10] 郭扬帆．医疗卫生信息化项目管理实务 [M]．广州：中山大学出版社，2012.

[11] 刘秋万，孟茜，姚丹．全球化时代的银行信息系统建设 [M]．北京：机械工业出版社，2016.

[12] 尹占浩，徐方方，贾会迎．旅游管理与信息化服务 [M]．北京：光明日报出版社，2017.

[13] 姜守亮，石静，王丹．建筑工程经济与管理研究 [M]．长春：吉林科学技术出版社，2022.

[14] 张少华．公路桥梁工程与项目管理 [M]．北京：北京理工大学出版社，2019.

[15] 时强．大型煤炭企业财务管控信息化研究 [M]．天津：天津科学技术出版社，2019.

[16] 赵洁．高校图书馆信息资源建设研究 [M]．北京：海洋出版社，2018.

[17] 郑宪强．建设工程项目投资决策机制研究 [M]．北京：北京理工大学出版社，2018.